はじめよう！
心理学研究

「テーマが決まらない」を乗り越える

編著 浦上昌則　　**作画** 鈴木天寧
　　　 藤田知加子
　　　 解良優基

ナカニシヤ出版

もくじ

序   5

大学で学ぶ心理学 ……………………………………………… 6

本書の構成 ……………………………………………………… 7

● 第1章 ●
心理学研究って何をするの？ ～ある日の授業より～

心理学の研究とは ……………………………………………… 12
　卒業研究に向けて／そもそも研究とは何か／論文の構成を見てみよう
　／心理学の研究の特徴

研究に必要なことと研究のプロセス ………………………… 15
　学術的研究が満たすべき条件／誰にとって新しいのか／先行研究の読
　み方／帰納的に推論する／説明のアイデアをひねり出す練習／正しさ
　について／研究法のたいせつさ／研究のプロセスを覚えておこう

アイデアノートを作ろう ……………………………………… 22
　何をメモするか／メモは質より量／ノートを育てよう

Column 1　思いを究めるそのために　28

● 第2章 ●
日常から見つける研究のタネ① ～バイトでミスった経験から～

2章と3章について ……………………………………………… 32

マンガ　「バイトでミスってしまった…」 ………………… 34

もくじ

2-1	もしもA先生に相談していたら	知識を増やすだけでは研究につながりません……… 43
2-2	もしもB先生に相談していたら	大ざっぱに考えてしまうなら先行研究を批判的に読もう… 50
2-3	もしもC先生に相談していたら	現象と心理学概念とのすり合わせをしよう………… 57
2-4	もしもD先生に相談していたら	好きな料理を見つけるように研究テーマを選ぼう… 64
2-5	もしもE先生に相談していたら	日常と自分を深堀りしてみよう ……………… 72

Column 2 研究遂行に必要なら日本・海外問わず研究者に連絡を　78

● 第3章 ●

日常から見つける研究のタネ② ～恋バナは研究になるか～

マンガ	「さい子さんの失恋話が…」……………………………………… 82
3-1	もしもA先生に相談していたら	概念に振り回されないようにしよう ……………… 91
3-2	もしもB先生に相談していたら	結論や答えにとびつかないようにしよう ………… 98
3-3	もしもC先生に相談していたら	「自分の研究」という意識を大切にしよう ……… 106
3-4	もしもD先生に相談していたら	さまざまな角度から納得のいく切り口を探そう … 114
3-5	もしもE先生に相談していたら	特定領域の専門的知見を活用しよう ……………… 121

Column 3 たかが実験、されど実験　128

● 第4章 ●

教員や研究指導をうまく利用しよう ～研究を始めるときの心構え～

研究を始める前に再確認しよう……………………………………… 132
大学での研究指導／研究を始める段階ですべきこと

教員とどう関わればよいのか………………………………………… 133
教員の視点で読んでみよう／学生と教員はどこが違うか／教員にもそれぞれ個性がある／決めることが教員の仕事ではない／アドバイスの受け取り方

研究を始めるときのポイント ……………………………………………… *137*

　研究を始める段階はマニュアル化できない／研究を写真撮影にたとえ
　ると／心理学概念のフィルターを通して見る

「私は○○心理学に興味があります」という表現をめぐって ………… *141*

　メリットとデメリット／関心領域を決めつけない

再びアイデアノートについて ……………………………………………… *143*

　アイデアノートがなければ…／記録する段階では何が役立つかわから
　ない／今日からノートをつけ始めよう

　　| Column 4 |　世界と戦える研究を卒業研究で！　*146*

　　| Column 5 |　私と研究──「おもしろい」研究のすすめ　*148*

結　　　　　　　　　　　　　　　　　　　　　　　　　　　　　*151*

執筆者紹介　*155*

序

黒田くん：ココロ先輩、卒業おめでとうございます。

ココロさん：久しぶりだね。黒田くん。わざわざ、ありがとう。

黒田くん：いえいえ。卒論の発表会以来ですね。あのときはお話できなかったので、今日会いに来ました。先輩の研究、おもしろかったって伝えたかったんです。

ココロさん：本当!? ありがとう。うれしいよ。黒田くんもおもしろい研究をしてね。期待してるから。

黒田くん：そうしたいんですけどね…。僕にはまだ2年ありますけど、何をどうしたらいいか、さっぱりわからないんです。

ココロさん：授業はまじめに受けてるよね？

黒田くん：それは、まあ…もちろんですよ。

ココロさん：ホントかなぁ？

黒田くん：いや、本当ですよ。教育心理学とか社会心理学とかもちゃんと単位をとりましたし。実験法や統計もばっちり…な気がします。

ココロさん：なら、問題ないじゃない。

黒田くん：いや、問題だらけ…というか、問題が何なのかがわからないんですよ。授業を受けても、だからどうしたって感じなんです。大学に入って、いろんな授業を受けて…。知識とかは、まあそれなりに覚えてきたんですけど、先輩のようなおもしろい研究ができる気がしないんです。ここからどうしたらいいか、さっぱりです。

ココロさん：あぁ、その気持ちはわかるよ。

黒田くん：本当ですか！ 先輩でもそんなときがありました？

ココロさん：あった、あった。うん、たしかにあのときは大変だったなぁ…

黒田くん：じゃあ、どうしたらいいですか？ 先輩はどうしたんですか？

ココロさん：そのときはね…

いきなりですが、卒業式の一場面を読んでもらいました。登場人物は、本書の主役であるココロさんと、後輩の黒田くん（もう出番はないのですが）です。二人とも、心理学系の学科に所属しており、黒田くんの悩みにココロさんが自分の経験をふまえて答えようとしています。本書は、黒田くんのように研究を前にとまどっている学生の参考になればという思いから作成したものなのです。

大学で学ぶ心理学

ほとんどの大学の心理学教育のカリキュラムは、次の三つの柱をもっています。

①黒田くんが話していた「教育心理学」や「社会心理学」といったような科目で、これまでに明らかになっているいろいろな**心理学の知識を得る**もの
②「実験演習」や「調査法」といった、**研究方法を学ぶ**もの
③「卒業研究」を最終目標とする、**研究を計画し、実行する**もの

柱①②は、最後の柱③につながっています。しかし、これまでの心理学的知見を学ぶことや研究法の知識を得るということと、自分で研究をすることの間には、どうも溝があるようです。黒田くんは、まさにそこに陥り、とまどっているように見えます。

心理学を教える教員は、「心理学的知識を知り、研究法を身につけていけば、必然的に研究を計画し実行できるようになる」とは思っていません。しかし、学生のなかにはそう思っている人が多いように感じます。まったく間違っているとはいいませんが、黒田くんのように、いろいろな授業をしっかり受けていたにもかかわらず、自分の研究を前に、なかなか進められない学生が実際にいます。

本書の内容に入る前に、**「大学で心理学を学ぶ」**ということに対する自分のイメージを再確認してほしいと思います。大学で心理学を学ぶことには、**「研究を計画し、実行できるようになる」**という最終目標があり、そのための手段と

して、心理学的知識を得ることや、研究法を学ぶということが位置しています。**自分は「研究を計画し、実行できるようになる」という大きな目標に向けて歩んでいるのだ、というイメージ**をしっかりもってください。

このイメージがあれば、各授業で直面する「知識を得る」ことや「研究法を身につける」ことは、最終目標に至る通過点であることを自覚できるでしょう。そして、学んでいることを、**「これは自分の研究にどのように役立てられるかな」**という視点からとらえられるのではないでしょうか。

加えて、授業で身につける知識やスキル以外に、研究をするために極めて大切なことがあります。それは、**自分が研究する事象・対象を見つける**ことです。

注目する事象・対象があるからこそ研究が生まれますし、そこに知識を活用する場も生まれます。「これは自分の研究にどのように役立てられるかな」というのは知識の活用に重要な思考ですが、研究したいことがないと、これを考えることはできません。

ところが、(当然なのですが)あなた自身が何を研究するべきかは、いくら授業を受けても教えてもらえません。ここに、心理学を「学ぶ」ことと「研究する」ことがつながりにくい一因があるのかもしれません。

私たちは、**心理学や研究法の知識を得ることと自分で研究をすることの間の溝を越えていくところが重要**だろうと見ています。それは多くの学生にとって難しいということもわかっています。その難関を進んでいくときに参考にできるような書籍はないか。これが、本書を作成した動機です。

本書の構成

本書は主に、先ほど出てきたココロさんが卒業研究を始めようとしたときの体験を題材にして、考えることができるように構成しています。読者としては、そのココロさんと同じように、これから自分の研究を始めようとしている人を想定しています。そのため、内容を、心理学を専攻する学部・学科の 2 年生後半から 3 年生前半くらいの学生の状況に合うように調整しており、具体的な研究方法や分析のしかた、論文の書き方などは含まれていません。

本書の構成は、以下のようになっています。

■1章：心理学における研究の基礎

研究とは何か、研究をするとはどういうことなのかという概略をつかんでください。また、研究のためのノート（本書では「アイデアノート」とよんでいます）作成についても触れていますので、ぜひあなたも実践してください。

■2章＆3章：マンガを題材に考える

本書の特徴的な部分です。ココロさんが、自分の経験をきっかけに、教員とやりとりをしながら、研究テーマを考えようと試行錯誤、悪戦苦闘している様子を紹介します。こういう経験は、「大学で心理学を学ぶ」ことの特徴・醍醐味であり、それ自体が重要な学習経験です。あなたもココロさんと一緒に考えてみてください。あなたと似たようなココロさんが登場するかもしれません。いろいろなココロさんと教員のやりとりから、**自分の心理学研究を生み出すとはどういうことなのか**をつかんでください。

■4章：まとめ

研究を始めるときに、**心理学の知識を得ることと自分で研究をすることとの間の溝を越えていくために意識してほしいこと**の要点をまとめました。また、教員が指導にあたって考えていることなどにも触れましたので、研究のためにどのように教員や研究指導を利用していくかを考える参考にしていただければと思います。

　実は、本書を執筆することを計画する前、学生に紹介するために、心理学の知識を得ることと自分で研究をすることの間の溝を越えていくときに参考になりそうな書籍を探しました。しかし、残念ながら「これ」というものを見つけることができませんでした。卒論作成をテーマにした良書はいくつもあります。しかし、その一歩手前にいる学生、具体的には、これから研究を始めようとする学生に読んでもらいたいと思える、研究についての類書は見つけられませんでした。それゆえ本書を上梓するに至ったのです。

序

　類書もないことから、どういうものにするか、本当に手探りで検討を重ねました。本書が少しでも学生の役に立つことを願っていますが、不十分な点もあると思います。各所からの忌憚のないご意見をいただければ幸いです。

※

　最後に、2章と3章で描かれているココロさんのマンガは、南山大学人文学部心理人間学科の卒業生である鈴木天寧さんにご担当いただきました。親しみやすく、可愛らしいキャラクターでエピソードを表現していただき、心より感謝いたします。そして、本書をまとめるにあたってご助力いただいた後藤南さん、山本あかねさんをはじめナカニシヤ出版の皆さまに厚くお礼を申し上げます。

編著者一同

MEMO

第 1 章

心理学研究って
何をするの？

〜ある日の授業より〜

ここでは、ココロさんが受講した「心理学研究法」の授業の概要を紹介します。心理学の研究に関する基礎をここで確認してください。

・心理学の研究とは
・研究に必要なことと研究のプロセス
・アイデアノートを作ろう

心理学の研究とは

卒業研究に向けて

これから、心理学の研究について簡単に紹介します。大学のカリキュラムでは、卒業に向け、**学んだことの集大成として、卒業研究に取り組みます**。また、そのために、いわゆるゼミ（ゼミナールの略）に所属します。ゼミとは、教員の指導のもと、少人数の学生が、専門的な問題について発表したり議論したりする授業の形式です。ここを各自の研究活動の中心として、教員だけでなく、他のメンバーとも意見やアドバイスを交わし合いながら研究を行っていきます。もちろん、ゼミは研究活動の中心になりますが、ゼミの仲間だけで議論する必要はありません。他ゼミの学生や、ゼミの担当教員以外の教員と話をすることで、いっそう研究が進むこともあります。

今後、みなさんはそういう段階へと移っていくので、これから研究についてお話しするのです。まずは「研究とは何か」というところから確認しましょう。「研究とは何か」がわかっていないと研究は進められません。

そもそも研究とは何か

「研究」という言葉は、大学ではよく耳にするでしょう。では、みなさんは「研究とは何か」という質問にきちんと答えられるでしょうか？

これはなかなか難しい質問です。実は、答えられなくて当然であるとも考えられます。たとえば小学生のとき、夏休みの宿題に自由研究があったと思いますが、そのときも「研究とは何か」ということは教えてもらわなかったでしょう。それ以外でも、これまで「研究」という言葉を何度も聞いたでしょうが、「研究」とは何かということは、小中高校ではほとんど教えられません。**「研究」とは何かを理解し、それができるようになる訓練をするのは、やはり大学で学ぶことの特徴**といえるでしょう。とはいえ、「研究とは何か」についてひとつの解を出すことはとても難しいので、ここでは必要な点に絞って説明します。

「研究」とは、「わからない」「わかっていない」ことを、「わかる」に変えていく行為だと言えます。

第1章　心理学研究って何をするの？

言い換えれば、「説明できない」「説明されていない」ことを取り上げ、そこに「説明」を与えることであり、そういう過程そのもの、過程全体を研究ととらえてください。平たくいえば、**何かについて「知る」という行為**です。

論文の構成を見てみよう

以上のことは、これまでに読んできた論文を思い出し、照らし合わせると理解が進むかもしれません。思い出してほしいのは、タイトルや得られた知見ではなく、**論文はどのような構成だったか**という点です。

論文には、取り組むべきクエスチョン、疑問、課題、つまり「わからない」「わかっていない」ことが明示されていたでしょう。そして、調査や実験を行い、最後の考察では、得られた結果をふまえてクエスチョンや疑問に対する回答（つまり、「わからない」「わかっていない」ことに対して可能になった「説明」）が示されていたでしょう。また、方法や結果など、回答を示すまでの過程が詳細に書かれていたのではないでしょうか。

繰り返しになりますが、論文では最初に「説明できないこと」がクエスチョンとして示されます。それに対する回答が、「与えることができた説明」に該当します（図1-1）。そして、**「説明できないこと」を明確にし、それに対する回答を示すまでの過程**が研究なので、論文ではその過程が極めて丁寧に、論理的に書かれています。

論文は、研究を書き表したものです。みなさんが自分の研究に取り組む最終目標は、**自分の研究を行い、卒業論文という「論文」としてまとめる**ことです。みなさんが読んできた論文は、自分が研究し、書くべきもののお手本だと思ってください。

図1-1　研究と論文

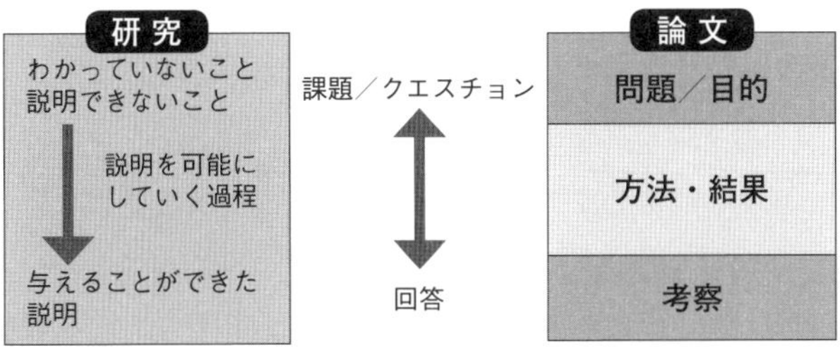

なお、実践研究という形式の論文を読んだことがある人もいるかもしれません。すでに明らかになっている適切な説明を基礎にして、支援・介入など結果をコントロールする方法、その可能性を、実際の場で運用・活用してみて検討するもののことを指します。たとえば、「ある妥当な説明（理論）にしたがって、新しいサポート・プログラムを考案し、その効果を検討したい」というような場合に行われます。これも研究の一種です。

心理学の研究の特徴

以上のことを、心理学に引き寄せて説明してみます。心理学の考え方、現象のとらえ方の特徴は、**行動を心理的要因で説明する**ところです（図1-2）。

図1-2　心理学の説明様式

心理学の考え方にこういう特徴があることをふまえると、心理学的な研究はどう示せるでしょうか？　図示すれば**図1-3**のようになるでしょう。

図1-3　心理学研究が行うこと

行動から出発し、それを適切に説明できる要因を探る

つまり、心理学的な研究とは、**まだ心や心理的要因で説明されていない行動に注目し、心理的な要因を設定することで適切な説明を与えようとする**ことになります。図1-3では、行動から心に向けた矢印が加わっている点に注目してください。心理学の研究をする際の考え方として、とても重要なポイントです。

心理学的な説明は、「心理的要因で行動を」という方向性ですが、そういう説明ができるようになることをめざす心理学研究は、**行動から出発してそれを**

第1章　心理学研究って何をするの？

説明できそうな心理的要因を考えるという方向になります。すなわち、まずは「行動」に注目する、すなわち、**人間の示す具体的な現象に注目する**ことから研究がはじまるのです。

研究に必要なことと研究のプロセス

学術的研究が満たすべき条件

　ここからは研究に関して少し込み入った、しかし極めて重要な内容に触れていきます。みなさんがこれから行う研究は、学術的研究などとよばれるものです。小学生の夏休みの宿題の自由「研究」があったり、中学生のときに卒業「研究」をしたり、料理「研究」家がいたりと、「研究」という言葉はとても多様な意味をもっています。そのなかで、みなさんの行うべき研究、つまり学術的研究には、2つほど満たすべき条件があります。それは次のものです。

　研究を通して見いだされた説明や予測・制御が
　①これまでにはなかった「**新しい**」ものであること
　②それが「**正しい（より正しい）**」ものであること

　これから、これらについて説明します。

誰にとって新しいのか

　まず、「**①それは新しいのか**」という点から考えていきます。「新しい」というのは、もちろん、研究する自分にとって新しいというだけではありません。小学生が自由研究としてアサガオを観察し、観察前は知らなかったことを新しく知ったとしましょう。自力でそこにたどり着いたことは十分に評価に値するでしょうが、学術的研究という視点からすると、それだけでは不十分です。その新しく知ったことは、これまでに発表された知見のなかになかったか、という点が問題になります。研究の「新しさ」は、研究した人が知らなかったことではなく、**みんな（その領域の研究者たち）が知らなかったこと**、というところに生じるものなのです。

15

先行研究の読み方

このような「新しさ」の重要性が理解できれば、「研究をする際には先行研究を広くチェックする必要がある」などと指導される理由もわかると思います。**先行研究で何が明らかにされているのか、何がまだ明らかにされていないか**を確認しないと、自分のやろうとしている研究が新しいものなのかどうかわかりません。先行研究を読むときには、「何が明らかになったのか」という点だけに注意を払うのではなく、「まだ明らかにされていない点はどこか」という点を把握して、自分が取り組む新しい研究につなげます。

ここでも、これまでに読んだ論文のことを思い出してください。論文の最後は、たいていは残された課題、今後の課題について触れられています。みなさんは、この部分をどれくらい重視していたでしょうか。論文を読む際、「研究を通してどういう知見が得られたか」という点だけを意識して読んでいると、この部分は読み流してしまうかもしれません。しかし、自分が研究をするために読むならば、この部分は、外せない、極めて重要なポイントになるのです。先行研究を読むときには、**「わかったこと」と「まだわかっていないこと」の両方を確認していくこと**が重要になります。

帰納的に推論する

こうして「まだわかっていないこと」がわかれば、そこに新しいことを提案する余地が見えてきます。しかし、その余地が見えただけでは「新しいことを提案する」ことにはつながりません。「新しいことを提案する」には、現象を見たり、先行研究を読んだりしたところから、帰納的に推論することが鍵になります。言い換えれば、帰納的な思考のしかたを知らないと、もしくはそれができないと、たとえ「まだわかっていないこと」に気づいても、そこに新しい提案をするのが困難になってしまうのです。

なぜ帰納法が鍵になるかというと、帰納的推論の特徴が新しいことを提案することとマッチするからです。帰納法は、**観察された事実やデータ、先行知見などの具体的、個別的な事象から、一般的な法則、結論を導く論理的推論の方法**です（☛Topic1）。演繹法とは異なり、考慮した事象が正しいものであっても、結論が正しいとは限りません。

第1章　心理学研究って何をするの？

　そのため「おそらく…だろう」というような結論にしかならないのですが、「だろう」という言葉がつくように、**考慮した事実やデータ、事象のなかにはないもの、つまり「新しい」ものを生み出している**という特徴が帰納法にはあります。新しい提案をするために、帰納的な思考は非常に都合がよいのです。

☛*Topic 1*　　　　　　　　● **帰納法の種類** ●

　ひと口に帰納的な思考といっても、いくつかの種類があります。たとえば戸田山（2005）では、広い意味での帰納として、**枚挙的帰納法、アブダクション（仮説形成）、アナロジー（類推）**の３つが紹介されているように、帰納的な思考にはいろいろなものがあります（**表1-1**）。これらを必要に応じてうまく使えるようになっておくことが「新しい」ものを生み出す鍵になるでしょう。

　なお、こういった思考、推論に関しては、ビジネスや教育界でも注目されていて、ネット上にも多くの情報があります。Google Scholar で、「アブダクション」や「アナロジー」で検索すると論文も見つかります。こういうものから帰納的な頭の使い方を知るのもよいと思います。

表1-1　帰納法のまとめ （戸田山，2005 をもとに作成）

枚挙的帰納法	アブダクション	アナロジー
a_1 は P である a_2 は P である 　　　　⋮	A である H と仮定するとなぜ A なのかうまく説明できる	a は P である a と b は似ている
（きっと）すべての a は P である	（きっと）H である	（きっと）b も P である
個々の事例から一般化する	いちばんよさそうな説明へと推論する	類比的に知識を拡張する

説明のアイデアをひねり出す練習

　学生のみなさんの研究プロセスを見ていると、帰納的な推論の部分がとても大きなポイントになると感じます。興味深い現象を見つけても、そこからどうすればいいのかわからなくなってしまい、その現象を前にとまどっているような姿を見ることが多くあります。その現象を心理的要因で説明できるようにすればいいことは何となくわかっていても、そのために「どう考えればいいか」というところでとまどってしまっている感じがします。

　それに対するアドバイスとしては、「**どうしてそうなるのか、説明できるアイデアを出してみましょう**」（より正確に言えば、「そういう現象が見られることを、帰納的推論を行って説明してみましょう」）ということになります。しかし、たとえ帰納法、演繹法という言葉を知っていても（また、その意味はわかっていても）、それを実際の現象にあてはめて考えるのは難しいものです。

　ここは、練習あるのみです。**説明のアイデアをひねり出す練習**を繰り返すしかありません。アイデアが自然に出てくる人もいるでしょうが、自然に任せていてはダメです。もちろん、何かを読めば書いてあるものでも、誰かに教えてもらえるものでもありません。自分の知識や経験をフル活用して、文字どおり自分のなかから「ひねり出す」「絞り出す」のです。日々の生活で目にする人の行動に、「**なぜそうするのだろう**」という疑問を提示し、それに対する回答（**説明のアイデア**）をいくつも考え出そうとするのです。できるだけ多様な回答を考えてみる、学んだ理論や知見を応用して説明ができないかと考えてみる、といったことを意識して練習を繰り返していると、徐々に慣れてくると思います。

正しさについて

　さて、学術的研究が満たすべきもうひとつの条件である、「**②それは正しい（より正しい）ものであるか**」について考えてみましょう。こちらも難しい問題です。誰も知らなかった「新しい」知見を、どうすれば「正しい」知見だと主張できるのでしょうか。新しい知見なので、本や論文を探しても、その正しさを担保してくれるような資料はありません。もしそういうものがあることを見つけたら、残念ながらそれは「新しい」知見とは言えないかもしれません。

　結論から言うと、研究の世界では、新しい知見が「正しい」ことなのかどう

かは、**周囲の承認を得られるか**という観点から判断されます。ここでいう周囲とは、研究に携わっている人、研究者というコミュニティ・メンバーのことです。そういう人々の間で承認されている見方やとらえ方、いわゆるパラダイムに依存しています。具体的に言えば、**研究者の間で正しい結論を導ける方法として認められているプロセスで導かれていれば、結論は正しいだろうと承認される**、ということです（☞Topic 2）。

　数学の授業などで、「正しく考えて導いたものならば、答えは必ず正しい」などという話を聞いたことはないでしょうか。これは別に数学だからではなく、心理学の研究でも同じなのです。新しい知見については、その正しさを直接判断することはできません。正しく導かれていると確認することで、結論として提示された新しい知見の正しさを担保しているのです。

　ここでまた、これまでに読んできた論文を思い出してください。論文は、全編にわたって記述されていることが細かく、説明が詳細であると感じなかったでしょうか。もしかすると細かすぎて嫌気がさした人もいるかもしれません。しかしこれは、結論を導いたプロセスを十分に開示し、読者にその適切さを理解してもらうために必要不可欠なことなのです。

☞Topic 2

◦ 追　試 ◦

　研究における「新しさ」の判断には、少し複雑な側面もあります。ある研究を通して得られた知見の正しさは、その後、**追試（ある研究の知見を後に改めて検証すること）**がなされることで、確からしさが補強されたり、逆に疑問視されたりします。その知見が正しいならば、後の追試でも同じような結果が得られるはずです。

　こういう追試を積み重ねることで知見の正しさが確認されていくので、追試はとても大事な研究なのです。しかし、心理学はそれが十分ではないとも指摘されます。これは、研究が「新しさ」の追究を大事にしすぎるために生じているのかもしれません。

　研究において「新しさ」の追究は重要ですが、「追試」も同様に重要な研究です。「追試」のような研究があることも、自分の研究を考える際に意識しておいてください。

研究法のたいせつさ

「研究者の間で正しい結論を導ける方法として認められているプロセス」が、方法論とよばれるものです。カリキュラムになぜ「研究法」の授業があるかといえば、**適切な研究方法を利用できるようになれば、「正しい」と認められうる「新しい」知見を導けるようになる**からです。別の言い方をすると、研究方法を知らないまま自己流に研究したとして、その結果、いくら興味深い知見を得たとしても、周囲からは「正しい」知見とみてもらえません。

研究を行うためには、「研究法」を自分のものにし、それに従って行う必要があります。そのため、カリキュラムには、いろいろな「研究法」の授業が設置されています。これらの受講を後回しにすべきではないことがわかるでしょう。

また、**いくつもの「研究法」を知れば、研究できることの幅が広がります。**たとえば、調査法だけしか知らなければ、調査法で研究できることにしか取り組めなくなってしまうのです。研究法については、授業だけでなく、書籍も多

☞**Topic 3**　　　　　● **難しい研究法** ●

「研究法」に関連して、ひとつ付言しておきます。研究法に関して、授業を受けた先輩から、「実験は大変だ」とか「面接は手間がかかる」など、いろいろな感想を聞くこともあるでしょう。しかし、こういった他人の感想は無視するに限ります。どれが易しく、どれが難しいということは一概に言えませんし、易しい、難しいで選ぶべきものでもありません。方法は研究目的によって必然的に決まるものだからです。

しかし、あえて難しいものをあげるとすれば、次のようなものが該当するでしょう。

> ＊周囲に教えてくれる人が少ない方法
> ＊参照できる書籍等が少ない方法

たとえば、調査法や面接法に関する書籍は多くありますが、文献研究法の書籍は極めて少ないという現実があります。実は文献研究は、難しい（「正しい」知見だと主張するのが難しい）研究方法なのです。「こう進めればよい」という具体的な手順を学びにくい方法は、自分が利用する際に難しいと感じやすくなると思います。

第1章 心理学研究って何をするの？

く出版されているので、いろいろな方法を自分で学ぶことも有用だと思います
（☞ Topic 3）。

研究のプロセスを覚えておこう

　ここまでの内容をまとめます。心理学の研究は、**まだ心／心理的要因で説明
されていない行動に、適切な説明を与えようとする**ことです。そのために、次
のことが必要になります。

①まずは、説明されていない行動を定める
②それに関して、帰納的に考え、適切に説明できるアイデア（仮説）
　を導く
③そして、適切な「研究法」を利用し、アイデアの正しさを判断、評
　価する

　このプロセスをめぐることによって、新しく、正しいことを主張できるよう
になるのです。

　もちろん、ここで紹介したプロセスを覚えれば研究はできる、などという単
純なものではありません。しかし、こういったことを知らないと、そして意識
しておかないと、**自分の研究をスタートさせること自体が難しくなりますし、
研究の途上で袋小路に陥りやすくなる**でしょう。これらのことをしっかりと心
に留めて、自分の研究を進めてほしいと思います。

　ただし、これが心理学研究のすべてではないこと、すべてに適用できるもの
ではないことも頭の隅に置いておいてください。ここまでの内容は、量的な
データを用いる実証的研究を主にイメージしています。心の質的な側面や文献
研究、理論研究、心理学史などに興味がある場合は少々異なる点があります。
そういった研究をしたい場合は、それぞれの授業担当者やゼミの指導教員など
と積極的に話をしておきましょう。

21

アイデアノートを作ろう

　最後に、アイデアノートについて紹介しておきます。研究を進めるためのノートなのですが、「研究ノート」というと堅苦しい感じがするかもしれませんので、ここでは「アイデアノート」とよんでおきます。研究のための「何でも帳」のようなものです。

　心理学の研究をスタートさせるには、**「まだ心／心理的要因で説明されていない行動」を見つける**ことが不可欠です。それは自分が積極的に探究したい（つまり「知りたい！」）と思えるようなものでないと、研究を続けることが難しくなるでしょう。さらには、それを探究し、解明することが社会的にも期待されるようなものであればベストでしょう。

　しかし、残念ながら、そのような行動は、**あるときに少し考えればすぐに見つけられるようなものではありません**。時間と労力、そして少しのコツが不可欠といえます。そういうときにアイデアノートが役に立ちます。

　アイデアノートのつけ方に、特定の決まりはありません。生活のなかで（授業や書籍なども含みます）感じたさまざまな疑問、気づきを自由にメモしておけばよいのです。ただし、授業用のノートとは別にしておくことを強く勧めます。また、デジタルよりも、ノートやメモ帳（紙）のほうが自由度が大きく、使いやすいと思いますが、基本的には自分の使いやすいものを選んでください。

　メモの鍵になるのは「疑問に思ったこと」ですが、「疑問」とまではいかなくても、ちょっと気になったこと、心にひっかかったこと、納得しがたいことなど、ささいなことも大事にします。「心理学的な内容か？」「研究になるのか？」なども気にする必要はありません。

　思いついた内容だけでなく、思いついたときの状況も大切な情報です。**いつ、どんなときに、何からそう思ったのか**をある程度詳しく書いておくとさらによいでしょう。場合によっては、写真などを活用するのも効果的です。

何をメモするか

　最低限のメモポイントは、WHAT と、WHY もしくは HOW（可能ならそれへの回答案／アイデアも）です。以下はその例です。

第1章　心理学研究って何をするの？

○月△日　母と弟が口げんか。「あなたが自分で決めたことでしょ！人のせいにしないで」という母の正論で弟は撤退（①）。正論は強い…なぜ正論は強いのだろう？　弟は正論がわかっているのに、なぜ屁理屈を母に言ったのだろう？（②）

○月×日　昨日寝る前に友人のSNSを見る。ついつい30分以上も見ていた（①）。朝、睡眠時間を削ったことに少々後悔。しかし、なぜ私は30分以上もそれを見ていたのだろう（②）。正直なところ、それほどおもしろいものではなかったのに…（①）

○月○日　××の授業でリーダーシップのPM理論を学ぶ。わからないことはないけれども、違和感が…（①）。我が部の今の部長のよさは、これにあてはめにくい。

①の部分：WHAT……何があったのか、何を見聞きしたのか
②の部分：WHY もしくは HOW……自分が何を思ったか（疑問など）

　最低限、この程度はメモしておきます。

　最後の例のように、①だけでも構いません。後になって違和感のもとである②に気づく（意識化できるようになる）かもしれないからです。一方、②だけだと、どんなときに思いついた疑問なのか（つまり、事象・事例）がわからなくなります。

　なお、これらの例には、自分の疑問（WHY や HOW）への回答案／アイデアは書かれていません。もし思いついたらでいいので、書いておくと、いわゆる仮説の芽になります。もちろん、それに関連して調べたことや考えたことがあればどんどん加えていきます。

23

メモは質より量

こういうメモを作成する際に心構えとして大切なのは、**思いつきやひらめきをその場で評価しない**ことです。ふと疑問に思ったことがあった場合、たとえくだらない思いつきだと感じたとしてもメモしておくことが大事なのです。気軽に、どんどん書き込んでいく姿勢が大切です。日記のように、毎日ひとつは書くようにしてもよいでしょう。**アイデアノートは、質より量**です。それが増えれば増えるほど有用性は増します。

あるタイミングでそれらを見返し、そのなかから選んで（あるいは、いくつかを組み合わせたり、発展させたりして）実際の研究へ進むという使い方になります。ノーベル化学賞、ノーベル平和賞受賞のダブル受賞者である Pauling（ポーリング）も、"The way to get good ideas is to get lots of ideas and throw the bad ones away" と言っています。

さて、こういう記録を少し続けてみると、

- 記録をしないと思いついたことはすぐに消えてしまう
- 研究のアイデアを出せと言われても、興味深いものをすぐに出すのはとても難しい
- 疑問は、見つけようと意識しないと見えてこない（逆にいうと、見つけようと練習すれば結構見つけられるようになる）

といったことが実感できると思います。また、ふだんの授業などでの学習との違いや授業の限界（授業をしっかり受けていれば研究のアイデアが出てくるというものではないこと）、経験の活用のしかた（経験すれば研究のアイデアが出てくるというものではないこと）にも気づくでしょう。

ノートを育てよう

研究につながるような「ものの見方」「見る構え」というものがあります。これは、残念ながら教えられるものではありません。経験・練習して身につけていくしかないと思います。そのような見方を身につけておかないと、自分の研究が決まらないといった状況に陥る原因となってしまいます。

第 1 章　心理学研究って何をするの？

　アイデアノートは、今後の研究に向けての学習にも活用するものです。いろいろな授業を受けていると、気になったことや不思議に感じること、納得できないことなども出てくるでしょう。読んでみたい書籍や論文が紹介されることも多いと思います。また研究法を学ぶと、「この問題には、この方法でアプローチできるかも」というアイデアが生まれるかもしれませんし、論文を読んでいると、知らない、つまり調べるべき分析方法に出会うかもしれません。このようなものもどんどん記入し、育てていきます。

　アイデアノートは、最初は日常で出会った疑問や気づきを記録しておくことがメインになるでしょう。しかし、だんだんと知識が増え、また具体的に自分の研究を考えようとする時期になると、論文などの読書記録や、あなたが研究に向けてやりたいこと、やるべきことのメモや記録が増えてくるかもしれません。このように内容が変化していくことはあまり気にしなくてよいですし、変化して構いません。**自分なりにノートを育てていってください。**

　ぜひ今日から始めて、続けてみてほしいと思います。

ココロさんも、今日の授業を聞いて、さっそく以下のようにノートに記録を残しました。

●今日の授業で得たこと、考えたこと

　研究というものが少しだけわかったような気がする。何がわかったのかははっきりしないけど、「まだ心理的要因で説明されていない事象」からスタートすることは印象に残っている。それに、自分がどう考えるのか、自分のアイデアというものが大事なんだと感じた。今受講している研究法も、自分が実際に行うかもしれないので、しっかりとやらなければならないと思う。不安もあるので、今からできることをやっておこう。

●今日の授業をふまえ、これからやるべきこと、やりたいこと
・帰納法、演繹法については言葉はわかるが、内容がわかっていない。アナロジー、アブダクションなどについても調べる。
・いくつか論文を読んできたが、今は内容を理解することで精一杯。今後は、何がわかっていないのかについても注意を向けて読む。
・アイデアノートを始める。まだ、具体的にこれを研究したいということは決まっていないので、自分が興味をもてることを見つけたい。
・何から手をつけるのがよいのかよくわからない。気になることを見つけて、先生に相談に行くのがいいかな。

　研究とは何をすることなのかを学んだココロさんは、これからいよいよ研究を始めるべく、自分の研究テーマを探していきます。

■第1章　参考文献
戸田山和久（2005）．科学哲学の冒険——サイエンスの目的と方法をさぐる——　NHK ブックス

27

Column 1

思いを究めるそのために

岡田 涼

　自分の卒論に対して思い入れをもっている学生は、大学教員の記憶に残ります。もちろんゼミの学生のことは、みんな覚えています。でもやはり、記憶に残りやすい学生というのはいて、彼らが取り組んだ卒論とともに思い出されます。ここでは、少しだけ思い出話におつき合いください（細部について少し改変したり、脚色したりしています）。

　募金についての卒論　Aさんは募金に興味をもっていました。「募金は役立つはずなのに集まらないことがあるらしい。どうしたら必要な人にお金が届くのかを考えたい」ということで、募金に影響する要因を調べることになりました。要因を考えていくなかで、あるときAさんから〇〇時間テレビの募金の話が出ました。「イ〇ンの会場で募金箱をずっと観察してたんですよ。そうしたら、怪しい人だと思われてお店の人から声をかけられちゃって」。そういうことは事前に相談してからにしてほしい…。気を取り直して、先行研究を調べるように伝えました。そして、募金の使用目的と目安の金額、寄付の対象との心理的距離が大事そうだということになり、それぞれの要因を操作したチラシを作って効果を調べました。その結果、対象との心理的距離を縮めることが寄付の意志を高めることがわかりました。ただの怪しい人に終わらず、有意義な卒論を書きあげたのでした。

　接客についての卒論　アパレルショップでアルバイトをしていたBさんは、気持ちよく購入してもらえる声かけを知りたいと言いました。声をかけないほうが買いやすいのではと思ったのですが、「絶対いい声かけがあるはずです！」と押し切られ、店員の声かけの効果を調べることになりました。さっそくファッション・リスク（ファッションに関する不安や懸念）という概念を見つけ、さらにアパレル店員が接客技術を競うロールプレイング大会があることも見つけてきました。どうやってアパレルショップを再現するのかなと思っていたら、「家からたくさん服を持ってきます！」と言って、次の日には実験室がお洒落なアパレルショップに変身していました。情報量を変えないように注意しながら3種類の声かけを考え、疑似的な買い物場面でその効果を検証しました。すると、「よくお似合いですよ」や「この服は評判がいいですよ」といった声かけが、ファッション・リスクを低めました。Bさんはバイト先の売り上げに貢

コラム1

献したことでしょう。

女子力についての卒論　Cさんは「女子力」という言葉に怒っていました。「みんな女子力、女子力言いすぎじゃないですか。あれ、なんなんですかね」。何か嫌なことがあったのだろうか…。こちらに怒りを向けられても困ると思いながら、その真意を聞いたところ、「周りから女子力を求められると、それを意識しすぎて自分らしさを見失うのでないか」ということでした。そこで、「女子力囚われ傾向」という概念を考え、女子力を糾弾するという、怨念型（？）の研究をすることになりました。新しい概念を提起するので、その測定にはより慎重さが求められます。先行研究での女子力の定義を調べたり、予備調査を行ったりしながら、女子力囚われ傾向を測定する尺度を作成しました。その悪影響を調べるのに何がよいかと考え、自分らしさの感覚を表す「本来感」に行きつきました。そしてみごとに、女子力囚われ傾向が本来感を低める可能性があることを明らかにしました。卒論を通して「女子力」に一矢報いたCさんは満足そうでした。

テーマに対する熱い思い　ここで思い出した学生の卒論は、単に記憶に残っているだけでなく、改めていい卒論だったと思います。3人には共通点があります。一番は自分のテーマに対する"熱い思い"です。お店で怪しまれたり、実験室を魔改造されたりするのは困るのですが、そういう勇み足に対して大学教員は陰ではほくそ笑んでいます。テーマについても、「これに興味がある」だけでなく、「これを知りたい」「こうあってほしい」という思いがあるほうが、うまくいく気がします。怨念でも構いません。

「"熱い思い"って、根性論か」となりますね。実を言うとそれは前提で、そこから研究へのつなぎがとても大事です。気づいたでしょうか。テーマを決めてから卒論にもっていくために、どの学生も工夫をしていました。先行研究を調べて要因を特定したり、実験室で日常を再現するための場面設定をしたり、複数の情報源をもとに測定方法を考えたり…。大学での卒論が高校までの学習活動と異なるのは、その部分だと思います。みなさんは、熱いけれどもナイーブな思いを、アカデミックな視点で洗練させ、究めていくことが求められます。

"アカデミックな視点で"と言われると不安になるかもしれません。でも大丈夫です。この本には、みなさんの思いを研究にするための道筋の例が書かれています。そして、この本を読んだら、先生に話をしに行ってください。大学教員は研究が大好きな人たちです。みなさんの熱い思いをぶつければ、きっとその思いを研究にする手助けをしてくれるはずです。

MEMO

●第2章●

日常から見つける
研究のタネ①

〜バイトでミスった経験から〜

ここでは、ココロさんがバイト先で経験したことから心理学の研究テーマを見つけようと、先輩や先生に相談をしながら考えていく様子を見ていきます。ココロさんの立場になって、一緒に考えてみましょう。

- 2-1節 もしもＡ先生に相談していたら　知識を増やすだけでは研究につながりません
- 2-2節 もしもＢ先生に相談していたら　大ざっぱに考えてしまうなら先行研究を批判的に読もう
- 2-3節 もしもＣ先生に相談していたら　現象と心理学概念とのすり合わせをしよう
- 2-4節 もしもＤ先生に相談していたら　好きな料理を見つけるように研究テーマを選ぼう
- 2-5節 もしもＥ先生に相談していたら　日常と自分を深堀りしてみよう

2章と3章について

　この2章と次の3章は、ココロさんのある日の経験と、それについてココロさんが記入したアイデアノートから始まる、研究を考えていくお話です。みなさんが読みやすくなるように、まず先に、構成を説明します。

　2章と3章はそれぞれ、ココロさんの経験を描いたマンガと、それに対して研究の視点からアプローチする5つの節で構成されています（図2-1）。

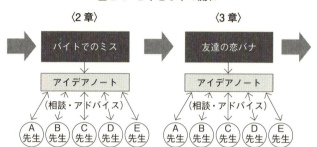

図2-1　2章と3章の流れ

1. ココロさんの経験「バイトでミスった（2章）」「友達の恋バナ（3章）」

　2章と3章の最初にはマンガでココロさんが経験したできごとが紹介されています。それらの2つのできごとは時間的に連続しています。2章ははじめての研究をスタートしようとする時期、3章はその少し後のことです。2章のような経験をして少し研究を進めようとしていたところ、興味のあるものが新しく見つかったりあるいは決めきれないという迷いが出てきたりしたときに、3章のできごとが起こった、というイメージです。どちらも、研究をスタートしようとしているタイミングであることは同じです。

2. ココロさんのアイデアノート

　ココロさんは自分が経験したことや思ったことなどをアイデアノートに書いています。そのノートがところどころで紹介されています。研究のスタートとして自分の経験は大切ですが、日常の経験そのままでは、研究として成立する「問い」にはなりません。経験を研究の問いに変換することが重要なのですが、

第 2 章　日常から見つける研究のタネ①

この作業はなかなか難しいものです。そこで、ココロさんは、アイデアノートをもとに教員に相談します。さらに、そこで受けたアドバイスをもとに、ココロさんはアイデアノートに加筆します。何を、どう研究するのかは研究する本人が決めなければならないのです。

3．ココロさんと 5 人の教員との対話「もしあの先生に相談したら…」

　各章内の 5 つの節では、さまざまな研究背景をもつ大学教員とココロさんとの対話を中心にして、日常の経験から研究を形作っていく多様なプロセスを表現してみました。なお、5 つの節は、それぞれ関連性や連続性のあるものではなく、いわゆるパラレルワールドです。「もし、できごとのあとにＡ先生と話したら……」「Ａ先生ではなくＢ先生と話していたら……」というような感じで、それぞれ独立したエピソードとして読んでください。

　ココロさんと教員とのやりとりは、ひとつの経験からさまざまなプロセスが生まれ、多様な研究につながっていく可能性があることを表しています。みなさんにも、その広がりを実感してもらえることを期待しています。

4．論点・ポイントの整理「著者からひとこと」

　各節の最後には、「著者からひとこと」と題して、ココロさんと教員との対話をふまえ、アドバイスを載せています。対話で話されたことを整理し、知識として身につけられる内容ですので、ぜひ目を通してください。

　各章各節を読むことで、さまざまな研究のプロセス（研究をしていく際の考え方、知識や経験の使い方、教員の使い方（？）など）を実感してほしいと思います。読者のみなさんは、ココロさんになったつもりで、各章の経験からどのような研究につなげられそうかを考えてみてください。また、それぞれの対話の後、自分ならどうするかも考えてみてください。それらは、きっと自分の研究をする力につながっていくはずです。

　ではまず、ひとつ目のできごとから見ていきましょう。

33

「バイトでミスってしまった…」

第2章 日常から見つける研究のタネ①

第 2 章　日常から見つける研究のタネ①

37

第2章 日常から見つける研究のタネ①

第2章 日常から見つける研究のタネ①

先生に毎日の生活のなかで
「気になったことをどんなことでも
ノートに記録すること」
と言われているココロさんは
「アイデアノート」と名づけたそれに
ときおり記録しています

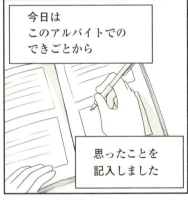

今日は
このアルバイトでの
できごとから

思ったことを
記入しました

後日

先生…

先日このような
ことがありまして…
こんなふうにノートを
つけたんですが

これが研究になるか
どうかわからなくて…

ふむ

どれどれ

41

このアルバイト先での失敗経験をした日、ココロさんが書いたアイデアノートは下のようなものでした。

> **ココロさんのアイデアノート**
>
> ・アルバイト先で大失敗。でも、メニューは多すぎないか。なぜこの店はたくさんのオプションを準備しているのだろう？　オプションは多いほうが人気が出るのだろうか？　決めにくくはないのだろうか？
> ＃選択
> ・選択肢が多いことは、選択をしている最中の楽しさと関係するのでは？
> ＃購買意欲
> ・最後に渡辺先輩とお話しできて、少し気持ちが前向きになった。私が渡辺先輩だったら、ミスした後輩にあんなふうにしっかり指導したりフォローしたりできるかな。　＃叱り方
> ・渡辺先輩の話、ミスの対策の話も、「社員として対応する責任」っていう考え方も、目からうろこ。アルバイトとして働くことと正社員として働くことって、具体的に何が、どんなふうに違うんだろう？　＃キャリア・職業観
> ・一度にたくさんのことを言われると、どうも覚えられない。先輩たちはできている。何が私と違う？　経験？？　＃記憶
> ・冷静にやっていたら起こらないようなミスだった。どうして焦るとミスが増えてしまうんだろう？　ミスが起こらないしくみ作りってどんな工夫が考えられるだろう？　＃ヒューマンエラー

【注】
＃の後の単語は、ココロさんが、この後、検索してみようと考えてメモした単語です。みなさんも、心理学辞典や心理学の教科書（入門書）などで調べてみてもよいでしょう。

42

第2章 日常から見つける研究のタネ①

知識を増やすだけでは研究につながりません

　それ以後も、ココロさんはアイデアノートを毎日書いています。2週間ほど過ぎたある日、これまで書いたページをペラペラとめくっていたとき、最近は「選ぶ」とか「決める」ことに関連する内容が増えていることに気づきました。研究テーマをあのミスに関係することに決めたわけではなかったのですが、アイデアノートを見て、自分が気にしていることに気づいたココロさんでした。ノートに書かれていたことには、次のようなものもありました。

> **ココロさんのアイデアノート**
>
> ・決められない人は、どうして決められないのだろう？　何に迷っているのだろう？　…「優柔不断」の研究がある
> ・「選択肢が多いほどよい」みたいな雰囲気があるけれど、選択肢が多いほど売り上げは上がるの？
> ・選択肢を増やしているのに、なぜ「おすすめ」メニューがあるの？
> ・選択肢が多いほど、選んだときの満足度は高くなる…のだろうか？　多すぎると下がったりしないか？
> ・自由に選べるのはよいけれど、栄養バランスや、健康にも配慮した決め方ができるように店がサポートするのはどうか。
> ・選択肢が多いと、選んでいる最中の楽しさが上がるような気がする。

　こういうことを自分が気にしているのだと気づいたココロさんは、それらのなかから自分のテーマを絞ってみようかと思い始めました。
　ある日、バイト先の仲間と話をしていたとき、ある先輩の卒論の話題になりました。「早めに取りかかっておくほうがいいよー」とみんなに言っている、少し疲れたような先輩は、経済学部の5年生です。

43

経済学部なら、もしかすると私が気にしている内容と関連することを知っているのではと思い、ココロさんは最近考えていることを話して、何か情報があれば教えてくださいとお願いしてみました。

先輩：ココロちゃんは、心理だったよね。心理学でも購買なんてやるんだね。
ココロさん：いや……心理学っていうか、今私が興味をもっているだけなんですけどね。
先輩：じゃあ、研究とかないの？　論文とかは探した？
ココロさん：……まだです。
先輩：いやいや、そこからでしょ！　心理学は知らないけど、経済、経営関係でも購買行動とか意思決定の研究は多いよ。

　情報ではなく、お叱りをもらったココロさんでした。でもおかげで、気になることを書きつけるのに夢中になって調べることがすっかり抜けていたと気づきました。「さすが５年生の先輩！」と少し先輩の評価を見直しました。
　バイトが終わり帰宅してから、インターネットを使って論文や関連情報を検索してみました。ちょっと探しただけですが、関係しそうな書籍や論文はたくさん見つかりました。そのいくつかに目を通すと、「選択肢が多いことは、魅力を高める一面もあるけれども、実際に選択するという点では決定を困難にさせる可能性がある」というような指摘がいくつもありました。それは、選択肢の数が増えれば全体の情報量が増え、選択肢間を比較しようとしたときに、増えた情報量によって人が処理できる量を超えてしまう可能性が生じるためとのことでした。また、そういう場合には、人はかえって単純な決定方略を取りやすいことなども知ることができました。
　その後しばらくは、関連する書籍や論文を探しては読む、ということを続けました。すると、今まで自分が知らなかったことがどんどんわかってきました。同時に、読んでみたい論文、目を通したほうがよい論文もどんどん増えてきました。知識が増える充実感、満足感も感じられました。
　しかし、ココロさんにはちょっとした不安、混乱も生じてきました。「このままいろいろ調べると、私が考えていたことなんてすでに誰かが研究しているこ

44

とがわかるかもしれない」「私は無駄なことをやっているのではないか」という思いが、論文を読んでいてムクムクとわいてきてしまいます。

そんな状況が嫌になったココロさんは、先生にアドバイスを求めようとアポを取りました。

面談の日、これまで書き留めたアイデアノート、現在やっていることや考えていることを先生にいろいろと話すと…

- 🧑**教員**：いいですね。
- 😊**ココロさん**：どこがですか？
- 🧑：研究を進めていく過程で、当然経験することをココロさんはちゃんと経験しているからですよ。大変なのはわかりますが、それを嫌がっては自分の研究はできませんよ。
- 😊：でも、このままでいいですか？ 研究できるのでしょうか？
- 🧑：正直なところ、そのままでよいとも言えないし、最終的に研究ができるとは断言できません。先のことは私にもわかりませんからね。ただ、今やっているのは必要なことだとは断言できます。そうやって知識を増やしていかないと、研究なんてできませんよ。
- 😊：そうなんですか…

ココロさんは、期待していたものとは違う回答に、少しがっかりしました。

- 🧑：ちなみに、今ココロさんが論文を読んでいる目的は何ですか？
- 😊：え…、今は…、知らないことが多すぎるので、知識を増やすため、ですかね…
- 🧑：知識は増えていますか？

🧒: それは増えてますよ。

🧑: それなら、今やっていることは適切なことですね。では、知識を増やした後、どうするつもりですか？

🧒: …研究？

🧑: 疑問形なのはちょっといただけないですが、そうですね。最終目的はココロさん自身の研究をすることで、今はそのために知識を増やしているということでしょう。知識を増やしているのは、研究につなげるためということは忘れないでくださいね。

🧒: でも、つながるのでしょうか…。どうやってつなげればよいですか？　そこがよくわかりません。

🧑: なるほど。でもそこは意外と単純ですよ。ココロさんがこれまでに読んできた論文の構成を思い出してください。それらはすべて、著者が提示した疑問に答えるものだったでしょう。研究は、疑問に答えるものなのです。じゃあ、知識を増やすことと疑問はどうつながると思いますか？

🧒: …わかりません。知識が増えると、疑問は解決されますよね？

🧑: そう予想してしまうのもわからないではないのですが、知識が増えると疑問もふえる、と思ってください。ここでも論文を思い出すとよいのですが、論文の最後はたいてい、今後の課題、つまり残された疑問やさらに解決が求められる疑問を提示して終わっていますよね。ほら、研究を通して知識が増えたはずなのに、疑問も増えたでしょ。

　先生は笑顔でそう言いましたが、ココロさんは、なんだか納得できるような、うまくだまされたような気分です。

🧑: 納得できないって顔ですね。たとえば、このノートに「決められない人は、どうして決められないのだろう？　何に迷っているのだろう？」って書いているのですよね。その関係で優柔不断の研究があることを見つけたと。そして、ココロさんはそういう研究から知識を得た。では、それらの研究の結果は、ココロさんの疑問に100％答えてくれていますか？　それでも残る疑問の部分はありませんか？

第 2 章　日常から見つける研究のタネ①

: …あります。

: そういうところが大事なんです。知識が増えても、ここはまだ説明できていないとか、説明としてはちょっと不適切なのではないだろうかとか、そういう感じが大事なんです。自分の研究をするためにはね。それは知識を身につけたから感じられたのでしょう。知識が増えたことによって、疑問が明確になったってことですよ。

: あ…、何だかつながりそうですね…。何となくつなげ方がわかったような気がします。かなり細かく見ればよいのですね。

: うーん。「細かく」とは一概に言えないけど、まあそんな感じかな。先行研究の知識を使えば「だいたい」とか「おおむね」説明できてしまうと納得するのではなく、説明できていないところはどこか、と目を向けるって感じですかね。何となく感覚はつかめますか？

　そのときのココロさんは、「何となくわかりますが、何となくしかわかりません！」という表情でした。それを見た先生は、質問を変えました。

: ココロさんが実際に見ている決められない人と、優柔不断の研究との間でズレていると感じることは何かありますか？

: 優柔不断の研究を全部チェックしたわけじゃないですよ…。でも、そうですね…、お客さんを見ていると、本気で決めようと思っていないのかなと感じるときがあります。選んでいる今を楽しんでいる感じで…ホントに選ぶ気があるの？って思うときもあります。

: そういう側面は、調べたもののなかでは言及されていなかったのですね？もし取り上げられていなかったなら、今、ココロさんは先行研究を調べたことで身につけた知識から疑問を引き出し、そこに自分の経験からの知識を加えて、ひとつの説明案を提示したってことですよ。

　先生とこんな会話を交わし、「がんばってね」という言葉をもらって、ココロさんは研究室を後にしました。研究が進んだとか、やることがはっきりしたとはまったく感じられませんでしたが、これまでやってきたことが的外れではな

47

かったことに安心しました。そして、ちょっとだけ、手がかりがつかめたような気がしました。

　それをうまく言葉にすることはできないココロさんでしたが、このままもう少し調べることを続けようと決めました。先生には「そんな感じ」としか言ってもらえなかったけれど、研究と実際のズレをもう少し細かく見てみようと思いました。そして、アイデアノートに加筆しました。

```
┌─ ココロさんの
│  アイデアノート
└────────────────────────────────────────

・先生の話…　知識を増やすために、論文などを読んでいるならそれで
　よい。ただし、自分の研究につなげるためには、自分の疑問から見た
　ときに「まだ説明できていない」とか、「説明としては弱い」と感じる
　ところを細かく見て、チェックしておくとよい。


　これを意識しながら、もうしばらくは関連する研究を探して読んでみよ
　う。これまで読んだものも、もう一度チェックして、記録に残しておいた
　ほうがいいかも。研究されていることや研究の結果と、私が見たり聞い
　たりする人たちのズレに目を向ける。
　　でも、これをいつまで続ければよいのだろう？　終わりのめどは？
　　　　　　　　　　　　　　　　　　　　　　　　今度、先生に聞く
```

48

第2章 日常から見つける研究のタネ①

疑問は何ですか？　すでに説明されていますか？

　研究のネタ、タネを見つけようと、自分の目に映るいろいろなことを意識し、ノートに書き留めることはとても大切です。同時に、各種文献を調べることも大切です。研究では、これらのどちらかではなく両方、つまり、自分の目に映る実際の人間の姿と、それに関連する、これまでに明らかになっている知見の両方を視野に入れておくことが不可欠になります。

　ここに登場してもらったココロさんは、先輩の助言もあって双方に目が向いている状況として設定しました。しかし、ここで多くの学生はとまどいます。ココロさんの言葉でいうと、「つなげ方」が難問なのです。そこがつながれば、人間の側面の何を研究したいのかと、それをどのように研究するのが適切かということが必然的に定まると思います。そのため、面談では、そのつながりにココロさん自身が気づけるようにアドバイスしました。

　しかし、そのつながり、つなげ方は多様であり、安易につなげるのはお薦めできません。そして、研究のオリジナリティも、ここに生まれます。指導にもいろいろなアプローチが考えられますが、ここでは「疑問」というものを中心に話を展開しました。実際の人間の姿に対する疑問は何か。それは、すべて先行研究で説明できているのか。疑問と先行研究を照らし合わせて検討し、残る疑問はないのかという目の向け方です。

　こういう説明をすると、しばしば学生は「細かく見ればよいのですね」と言います。正確とは言い難いですが、当面はそういう解釈で進めていってよいと考えます。いっそう細かく検討し、どういうズレがあるのかに目を向けるというのも、実際の人間の姿と、これまでに明らかになっている知見のつなげ方のひとつでしょう。

大ざっぱに考えてしまうなら 先行研究を批判的に読もう

🗨 **教員**：うん。なにかバイトで失敗したんですね。
🗨 **ココロさん**：はい…。でもアイデアノートに愚痴が並ぶだけなんです。
🗨：素朴に考えてみましょうか。「なんでそうなるんだろう、なんでそうならないんだろう」っていう言葉で表現できる部分はないですか？
🗨：「なんで人はミスをするのか」ですかね、たとえば。
🗨：うん。壮大すぎですね。ちょっとそれでは研究にはならないですね。まず、ヒトっていう対象は広すぎるから、絞りましょうか。
🗨：広すぎますか？　心理学は人を研究するんですよね？
🗨：たとえば、ココロさんがこの後何か仮説を立ててそれを検証しようとするとき、なんらかのデータを取ることになりますよね。そのときにどんなヒトを対象としますか？
🗨：え…。大学生とか女性とか、そういうことですか？
🗨：あなたの研究の主眼はそこですか？　あなたの素朴な疑問である「なんでヒトはミスをするのか」というのは、大学生という属性に限定されているの？
🗨：私みたいなあわて者とか、ダメ人間とかそういう…
🗨：違います違います！　なんで勝手に落ち込んでいくんですか。慣れない作業をしていて、かつ、たくさんの情報が一度に入ってくるという状況だったんですよね？　自分の体験を、自分だけの属性や特性だと考えずに客観視してください。

　先生は、個人的な体験のなかにある普遍性に着目するように促しているみたいです。

🗨：私、とってもあわててたんです。で、たぶん落ち着いていたらしないミスをしました。だから「あわてている人」と言えるような…

第2章　日常から見つける研究のタネ①

🧑：ちょっと対象が具体的になりましたね。あわてていた原因は？　タイム
　　プレッシャー？　準備不足？　緊張してた？　あわてるとか焦るとかいう
　　日常的な表現を、もうちょっと具体的な状況や状態として説明してみま
　　しょうか。

👧：一度にたくさんの注文を口頭で受けたんです。タイムプレッシャーなの
　　かなぁ？　とにかく私、すぐテンパるんです。

　先生は、なるほどなるほどと、しきりにうなずいていますが、ココロさんは
「やっぱり私だけがダメなんじゃ…」とつぶやいています。

🧑：ネガティブですねぇ。そこはちょっと置いておきましょう。次に、さっき
　　あなたは、なんでミスをするのかと問うていましたけど、ここも漠然とし
　　ていますね。ミスをするというのも、見落とす、やり残す、やり忘れる、覚
　　え間違える、などいろいろなミスがあり得ますけど、一番気になるのは何
　　ですか？

👧：たしかに！　ミスっていってもいろいろなしくじりがありますね！　今
　　回の例では「覚え間違える」というミスに限定されます。

　ココロさんは少し、具体的にするということの意味がつかめたようで、今回
はすんなり回答が出てきました。

🧑：なるほど。今ココロさんが言ったいろいろなことの、どこに焦点を当てれ
　　ばいいか、人によって気になるところが異なると私は思うんです。

👧：え？　私そんなに今いろいろ言いましたか？

🧑：ええ、いろいろな検討が可能だと思いますよ。たとえば、ココロさんは今、
　　「私はすぐにテンパる」って言いましたね。これは「不安の高い性格」など
　　のように言い換えることができるでしょう。こういった特徴をもつのは別
　　にあなた一人ではないですよね？　性格に興味関心があれば、そういった
　　性格特性と記憶や作業のミスとの関係が知りたくなるかもしれません。私
　　は性格よりもほかのことをまず調べたくなりますけど。

51

: えぇぇ先生、心理学やってるのにですか？

: ココロさん…、心理学って性格について研究するものって、まさか思ってます？　それだけではないよって、いろいろな授業で学習してません？

: わ、わかってますよ！　もちろん。

: ほかにもいろいろ考えられそうですよ。たとえば、「口頭でたくさんの注文を受けた」って言ってましたね？　入ってくる情報量がとても多くて、しかもそれを正確に早く伝えなくてはいけないという、ちょっと緊張感のある状況だったということですよね？　そういう状況のことを、心理学でも扱っていませんか？

: （スマホでググりながら）あっ。なんかそれっぽい用語があります。時間的切迫感？　そうか、あれは時間的切迫感の高い状況だったんですね。そういえば、認知心理学の授業で、人間の情報処理容量には限りがあるって聞きました。そうだとすると、「時間的切迫感に振り回されて正確に記憶しておくための処理容量が減ってしまう状況」とも言えますよね！

: そうですね。なぜ人はミスをするのか、という大ざっぱな問いは、まず、対象が「時間的切迫感を感じる状況下にある人は」と絞られましたし、性格だけではなく情報処理の観点からも見ることができる、と気づきましたね。

: あ、でも先生、もしかしたら、記憶力がもともと悪いのが失敗の原因かもしれませんよね？

: 「記憶力が悪い」っていう日常的な表現から離れましょうか。

: 言われたことが思い出せないんだから…。長期記憶からの検索ミスが原因ですかねぇ…。いや、でもまず正確な情報が入ってない気がします。新しく入ってきた情報を頭の中に置いておきたかったのに失敗したから、短期記憶の問題ですかね？

: 記憶に関する心理学用語の基本的なものは知っているのですね。ではココロさん、作業記憶って覚えてます？

: 覚えてます！　作業をするための記憶です！

　元気いっぱいにココロさんは答えますが、単に熟語を文に言い換えただけで

第 2 章　日常から見つける研究のタネ①

す。これには先生も苦笑いせざるを得ません。

👤：では聞き方を変えましょう。作業記憶、ワーキングメモリを構成している
　　要素にどんなものがあるかは知ってますか？

👧：あ！ それならわかります。音韻ループと視空間スケッチパッドと中央実
　　行系ですよね。情報を保持するための２要素と、認知操作をするための要
　　素の３つがありました。テスト勉強したので覚えてます！

👤：そうです、そうです。よかった。用語は覚えたんですね。ポイントは、容
　　量に制限をもちながら、情報の保持と処理を同時に行うシステムだってい
　　うことですね。今回のバイトでのミスは、どうとらえられますかね？

👧：なるほど…。時間的切迫感とワーキングメモリか…。しかも、たくさん注
　　文があったんです。多重課題状況でもありますよね!?

👤：そうですね。だいぶ疑問の範囲が具体的になったんじゃないですか？
　　私って物覚え悪いのかなぁなんていう個人的な問いや、人はなんでミスを
　　するのかなんていう壮大な問いからみれば、進歩ですね。

👧：疑問をかみ砕いて、できるだけ具体的に、でも個人の問題に矮小化せずに、
　　かといって答えがないほど壮大にしないってことですね！

👤：今挙がってきた用語を中心に、先行研究を調べてごらん。そこから、ココ
　　ロさんの問いを洗練させてみたらどうです？

👧：とりあえず、文献検索してきます！

　その後、ココロさんは文献検索を繰り返し、何本か論文も読みましたが、ど
うも考えがまとまりません。そこで、再度先生に相談をしに行きました。

👧：先生…、論文はいくつか読んだんですが、だから何って感じなんです。統
　　計とかよくわかんないんですけど、とにかく考察部分は、「ヘー！」とか
　　「そうなのかぁ！」とか思うばかりで…。先生は前に、論文は疑問を探し
　　て読みなさいっておっしゃってましたよね。でも疑問が湧かないんです。

👤：なるほど。納得しちゃうのですね。方法と結果、考察だけ読んでません
　　か？　問題や目的の部分をきちんと読み込みましたか？　そこに、たぶん、

53

先行研究への批判が書かれていたと思うのだけど。

:ちょっと今確認します。あんまり気がつかなかったなぁ…

つぶやきながらココロさんは、読んでみた論文のひとつに再度目を通します。

:あ〜、先行研究の課題が、ワーキングメモリの個人差を測る目的には合っていないって書いてます。

:単に課題が適切ではないっていうだけではなく、何がどういう理屈でその課題では測れないか、説明していませんか？　論文を読むと、先行研究で示されたことへのツッコミと、それに対して自分たちはどうするのか、という論が組み立てられていることに気がつきますよ。

:同じように、この論文の結果でも、知りたいことと方法がちょっとずれてるようなことがないか考えてみればいいってことですか？

:それもひとつですね。ずれていなかったとしても、あなたが大事だと思っていることにその論文は着目していないとか、よく考えながら読むといろいろと気になるところが出てくるはずです。それが論文を精読するということです。参考になるのは、目的へつながる論の組み立てです。Aの課題ではあることがわかっているが、課題が変われば結果も変わるかもしれないから、Bの課題でやってみる、っていうのは安直でダメです。課題を変えれば結果が変わっても何ら不思議はないし、どのような理由でその課題に変えたのかの理屈が書けないのであれば、結局何もわかったことにならないですよね？　大切なのは、Aの課題がなぜダメなのか、Bの課題なら何がわかるのか、という「理屈」を考えることです。

:いろいろ検索して、ざっと読んだんですけど、先生の言うとおり、ほぼ考察部分だけ読んでました。〇〇が明らかになったって書いてあると、そうか〜って。これじゃダメなんですね。

:そうですね。先行研究を読むときには、必ず「精読」し、批判的に読んでください。初学者は斜め読みして勝手にわかった気になってはいけません。自分の言葉で説明してみるという作業が必要ですよ。

:そんなに丁寧には読んでませんでした。

54

第2章　日常から見つける研究のタネ①

🧑‍🏫：批判的に読むということは、一朝一夕で身につくものではありませんが、
　根気よく取り組んでくださいね。

　先生はニッコリ笑って、ちょっとうんざりした様子のココロさんを送り出し
ました。ココロさんは、先生との話し合いの後、アイデアノートに下のように
加筆しました。

**ココロさんの
アイデアノート**

・ワーキングメモリとプレッシャーの関連について、論文がないか調べ
てみる。⇒ハイプレッシャー状況では、ワーキングメモリ課題成績が
低下するという実験結果が示されている論文を見つけた！（則武・武
井・寺崎・門田・竹内・湯沢，2020）。

・ワーキングメモリには、言語性情報と視空間情報の保持と処理が想定
されているらしい。教科書に音韻ループって書いてあったのは、言語
性の情報と言えるのか！　言語が音だって気がつかなかった。

・この論文のなかでは、ネガティブ思考は言語情報なので、言語性の
ワーキングメモリが選択的に阻害されるとある。⇒言語的反芻仮説

・一方で、ネガティブな思考やその感情を抑制しようとして認知資源
が消費されるので、中央実行系が阻害されるという仮説もあるらしい。
⇒感情制御仮説

　プレッシャーで課題遂行が悪くなるのは、言語性情報のワーキングメ
モリが阻害されるから、という考え方と、中央実行系が阻害される（つま
り、言語性も空間も影響を受ける）という考え方があるんだ！　どっちが
正しいのかな？　課題によるのかな？

つまみ読みになっていませんか？

　日常的な経験がそのままうまく仮説につながればよいのですが、そう簡単にはいかないことも多いでしょう。そういったときには、教員とのやりとり例に示したように、他者と対話してみることも役に立ちます。ココロさんは教員の誘導を受けながら、「日常的な経験」から「心理学的問い」へ近づいていきました。やりとりに出てきた以外にも、ココロさんが直面した状況からは、さまざまな問い立てが可能でしょう。たとえば、

・ヒューマンエラーはどうしたら防げるのか？
・確認が大事と言われるが、確認手法としての復唱には効果があるだろうか？

といった問いは、記憶課題における「復唱」の効果として検討することが可能でしょう。

　こういった問いが、果たして調べるに値するものかどうかは、やはり先人がどのようなことを研究していたか、の知識なしには判断しにくいものがあります。そういった意味でも、先行研究の精読は大変重要です。

　要約部分や考察部分だけをつまみ読んで、わかった気になってはいけません。その論文がどのような理屈で仮説を導いているのか、話の流れを理解し、考察で述べられていることが具体的にどのようなデータから導出されているのかなどを、しっかりと分析的に考えながら読みましょう。

■ 2-2 節　参考文献
則武良英・武井祐子・寺崎正治・門田昌子・竹内いつ子・湯澤正通（2020）．ハイプレッシャー状況が引き起こすワーキングメモリ課題成績低下に対する短期筆記開示の効果　教育心理学研究，*68*，134-146．

第2章 日常から見つける研究のタネ①

現象と心理学概念とのすり合わせをしよう

🧑 **教員**：あちゃ、バイトでやらかしちゃったんだね、ココロさん。もう立ち直りましたか？

あのできごとを何とか研究につなげられないかと考えていることを説明したら、アイデアノートを読みながらC先生は言葉をかけてくれました。

😊 **ココロさん**：まぁ、なんとか…。でも、しばらく凹みましたよ。次のバイトのときも先輩や他の人たちが励ましてくれて、ようやく元気が出てきました。

🧑：そうですか。よいバイトの人たちに恵まれたんですね。失敗したこと自体はもう終わったことだし、大事なのは今後に活かすことですね。

😊：そんなふうにうまく切り替えられたらいいんですけど…。私、もともと失敗とか叱られることには結構敏感で、だいぶ引きずっちゃうんですよね。あー、思い出したらまた気持ちが落ちてきた......

🧑：おっと、ストップ、ストップ！　気持ちを切り替えて、研究の話を進めましょう。

先生の言葉で気持ちが落ちていくのは止めてもらいましたが、ココロさんはまだあのできごとがどこかに引っかかっていることを感じています。

🧑：さて、アイデアノートにいろいろと書いていますね。ココロさんのなかで特に「知りたい」と思うことや、関心のあることはどのあたりでしょうか？

😊：えーと、今日は「叱り方」のところで相談できたらと思って来ました。今、私はアルバイトで、しかも新人なので、いろいろと教えてもらうことばっかりなんです。でも、アルバイトでも長く続けていれば後輩が入ってきま

57

すし、卒業後に就職してもやっぱり何年かしたら先輩になって、きっと後輩や新人に教える立場になると思うんですよね。そのとき、今回のように相手がミスをしてしまったら、私は渡辺先輩みたいにうまく指導したりフォローしたりできるのかなって思って。それで、「上手な叱り方」というところに関心をもちました。

🯄：なるほど。大切なテーマだと思いますよ。ただ、「上手な叱り方」ではまだずいぶん曖昧なので、ココロさんが扱いたい現象と心理学的な概念をすり合わせたいですね。

🯄：現象と心理学的な概念のすり合わせ…？

🯄：たとえば、ココロさんが誰かを叱る場面を考えたとき、相手にどうなってほしいのでしょう？

🯄：えー…それは…、やっぱり同じミスを繰り返さないようにしてほしいです。

🯄：つまり、叱ることを通して「相手の行動を変容させたい」ということですね。これまで受けてきた授業のなかに、関連する用語はなかったかな？

　ココロさんは、一生懸命記憶をたどりました。臨床系の科目で、家庭内の問題として出てきたような気はしますが、「叱ること」やその効用なんて授業のなかで聞いた記憶はありません。
　ただ、先の先生の言い方が少し気になります。「相手の行動を変容させたい」ということですね…というところが強調されていたような…。そう思ったとき、ひらめきました！

第 2 章　日常から見つける研究のタネ①

😊：あぁ、教育…、学習だ！　「叱ること」って、学習のフィードバックなん
　　ですね。

🧑：そうですね。基本的には学習のトピックでしょうね。なので、基礎的な問
　　題に落とし込めば、何かしらの失敗や不適切な行動に対して、どのような
　　フィードバックをしたら行動の修正・改善に効果的かを検討する、という
　　話としてとらえられるのではないでしょうか。どのような課題を扱うかは
　　考える必要がありますが、フィードバックと課題遂行の関連をみた研究は、
　　実験的な手法を用いたものも含めてたくさんありますよ。

😊：そっか、私、「叱り」という言葉で考えていたので、学校とか部活とか、バ
　　イト先とかの現実的な場面ばかりをイメージしていました。でも、それっ
　　て実験的にも扱えるのですね…

🧑：そのとおりですよ。では、さっきココロさんが言っていた「同じミスを
　　繰り返さないようにしてほしい」という点について、もう少し考えてみま
　　しょうか。同じミスを繰り返さないためには、何が必要なんでしょうね。

😊：えっ…、うーん...　反省…？

　ココロさんは、心の底からその答えを知りたいと思いますが、それはわから
ないままです。その様子を見ながら、先生は質問を変えました。

🧑：じゃあ、同じようなミスを繰り返してしまうときってどんなときでしょ
　　う？

😊：何が悪いのかよくわかっていないとき、とか…？

🧑：そうですね。そもそもミスの内容を自覚したり理解したりしていないと
　　きですね。ほかには？

😊：あとは…、自分がミスしたことはわかっていても、だからといって、どう
　　したらよいのかよくわからないときでしょうか。正しい対応がわからない
　　ときって、同じようなミスをしてしまいがちだと思います。

　そう言いながら、ココロさんは去年の「心理学実験」の授業のことを思い出
していました。

59

👤: 私、去年先生が担当してくださった心理学実験の課題レポートで、毎回先生からモリモリ添削で赤を入れてもらったんですけど、結局同じようなミスばっかりして…。あれ、どう対応したらいいのかよくわからなくて修正できなかったんですよ…

👤: …うまいフィードバックができず、申し訳なかったですね。

先生は苦笑いです。

👤: ともあれ、今のお話は大事なポイントを含んでいると思いますよ。自分の行動がよかったのかマズかったのかを考えたり、今後どうしたらよいのかを考えたりするってところです。

👤: それって、振り返りのことですよね。何でミスをしたのか、次にどうしたらよいのかをきちんと振り返ることができたら、同じミスを繰り返さなくてすみますよね。

👤: そうですね。相手をそういう状態へ促すようなフィードバックができたら、それはよい「叱り方」と言えるのかもしれませんね。そのような、自身の行動の振り返りに関連が深い概念が…

👤:「メタ認知」！　ですよね。

と食い気味に言ったココロさんの気分は、関連する言葉を知っていることに気づいたことから、少し上がってきました。

👤: そうです。メタ認知は、自分の行動をモニタリングしたり、コントロールしたりするものでしたね。ヒトが新しい知識や行動を身につけていくうえで非常に重要な役割をもつので、今回の問題にも関連すると思いますよ。

ココロさんは、知っている言葉が続き、頭が回転し始めた感じがします。そこで、今ひらめいたことも口にしてみました。

👤: あと、やっぱりやる気、モチベーションの問題もありますよね！　私みた

いにミスしたり叱られたりしたあとに、ずーんと凹んで落ち込んでしまう
のってしんどいし、意味もないし…

🧑：意欲という点では、たしかにモチベーションの理論は参考になりそうです
ね。

👧：やっぱりそうですよね！　授業で習った「自己決定理論」なんかは、相手
の自律性を支援するような関わりを重視している点で参考になりそうだな
とひらめきました。

🧑：そうですね。でも、自己決定理論以外にもモチベーションの理論は幅広く
多様な理論や概念があるので、ぜひ調べてみるとよいと思いますよ。

そう言った先生は、ちょっと言葉を切って、こんな質問をしてきました。

🧑：それとは別に、今の話のなかで「落ち込む」っていう話が出てきたんだけ
ど、落ち込むことって、悪いこと、意味のないことなのかな？

👧：ええ…？　それは嫌ですし、悪いことですよね…？　落ち込みたくて落ち
込む人っていないんじゃないかと思いますけど…

🧑：うん、それはたしかにそうだね。でもさ、少し見方を変えると、落ち込
むからこそ「次は気をつけなければ」という気持ちになるんじゃないのか
な？

👧：うーん…まぁ…そう言われてみればそういう気も...しないでもないです
が……

🧑：うん、腑に落ちていませんね。

先生はまた苦笑いです。

🧑：でも、たとえば「不安」のようなネガティブな感情は、慎重さに対する動
機づけとしての機能ももっていることが指摘されています。感情の問題を
考えるときには、そのような見方もふまえておいたほうがよいかもしれま
せんよ。

その夜、ココロさんは先生との話を思い出しながら、さっそく関係しそうな
論文を調べてみました。その日のアイデアノートには、いくつかのメモが加筆
されました。

```
ココロさんの
アイデアノート
```

・中学生を対象に、場面想定法を用いた研究（佐藤他，2013）

→説明による叱りは教師の叱りを肯定的に認知させる一方、禁止による
　叱りは否定的な感情的・行動的反応を喚起する。また、脅威度が高
　い叱り方は、怒りを喚起することなどが示された。

→叱り方によって、その後の受け止め方（認知）が異なる。受け止め方
　が異なることは、何につながるのか？　その後の行動修正にも本当に
　影響する？？

・「落ち込み」などのネガティブ感情が学習を促す可能性がある？

→感情が相互作用を通した知識獲得に及ぼす影響をみた実験研究が
　あった！（奈田，2023）。

→対象者（小学生）が示した考えを前半は否定するものの、後半は賞
　賛していくNP条件、その逆のPN条件、終始賞賛するPP条件のよう
　に、感情の生起のさせ方が異なる3条件で知識の獲得を比較している。
　その結果、PP条件、NP条件、PN条件の順で、知識獲得が促されやす
　かった。やりとりを通した知識獲得においては、相手の考えを賞賛す
　ることで、個のなかに自他の考えに対する柔軟な姿勢を作っていくこと
　が重要とされている。ただし、ネガティブ感情にも、自身の考えを振り
　返り、見直させる働きがあった。ポジティブ感情とは異なる過程で、知
　識獲得を促進させる可能性についても触れられている。

そのキーワードはどう定義されていますか？

　筆者は、教育心理学を専門としています。そのような背景から、教育に関心をもつ学生さんから研究相談を受ける機会が多く、「褒め」や「叱り」はそうした学生から興味のあるテーマとして挙げられることがあります。また、ほかにも、子どもの「成長」や学校での「適応」といったキーワードをもとに相談を受けることもあります。

　しかし、こうしたテーマやキーワードはいずれも、そのまま研究の俎上に載せるにはまだ曖昧で、難しいことも多いように思われます。このような教育的な働きかけや現象について研究で扱うためには、それらをどのような切り口から分析し、心理学的な概念といかにすり合わせるかが重要です。

　このような作業をする際に重要になるのは、やはり用語の定義の問題でしょう。「叱り」とはいったい何か？　「成長」とは自身の研究において何を指すのか？　そういったことを考える必要があります。また、本節のココロさんと先生とのやりとりのなかにあったように、「(「叱り」という働きかけを通して)どうなったら『良い』と思うのか」という問いや、もう少しふみ込んで「それは本当に『良い』と言えるのか」という問いを通した議論を重ねながら、自身の問題意識や主張を分析し、そのうえで心理学的な概念を用いて表現できるようになることをめざします。

　先のやりとりでは、まずは大きく学習という切り口から「叱り」を分析し、メタ認知や動機づけ、感情というキーワードが挙がってきました。これからココロさんは、そのようなキーワードを使いながら先行研究を調べ(2-2節も参照)、先行研究の知見を使いながら、さらに自身の問題意識を具体的に表現できるように考えていくことになるでしょう。

■ 2-3 節　参考文献
奈田哲也 (2023). 感情はやりとりを通した知識獲得を如何に促すのか——ネガティブ感情も含めての検討　　教育心理学研究, 71, 1-12.
佐藤純・向居暁・西井宏美・堀下智子 (2013). 中学生は教師からの叱りに対してどう認知し反応するのか　日本教育工学会論文誌, 37, 1-12.

好きな料理を見つけるように研究テーマを選ぼう

　はじめて先生と面談する時間がやってきました。ココロさんはアイデアノートを手にもち、少し緊張しながら、先生を訪ねました。

- **教員**：今日は面談でどういったことをめざしましょうか。私は何かお力になれることがありますか。
- **ココロさん**：えーと…。いろいろとノートには書いてみたのですが、ここからどう研究テーマを見つけていけばよいのかがわからない状態です。今日の面談の最後には、研究テーマが何となく見えてきて、次に何をすればよいかが見えてくるといいなと思っています。
- ：わかりました。いろいろと話をしていくなかで、見えてくることがあるとよいですね。ココロさんは、カレー屋さんでアルバイトをしているのですね。私もカレーは大好きで、自分でスパイスを使って作っていますよ。好みでいろいろと調整できるのがいいですよね。
- ：私もカレーが好きで、そこで働くことを決めました！
- ：研究をするというのは、料理をすることに似ているところがあると思っています。これまでのレシピを参考にしながら、新しい料理を作る、しかもそれが、おいしいものであるとよいという感じです。
- ：料理ですか？
- ：素材があって、料理人はそれをどうやったらおいしいものにできるかと考える。また、日本料理、中華料理、イタリア料理などのジャンルがあって、それぞれの味わいがある点や、自分の好きな味は何か、というように好みがある点も似ていると思います。これまでになされた研究を読み解きながら、この切り口は好きだなとか、このテーマで自分も探究してみたいな、とみていくところも似ているように思います。
- ：新しい料理って、ゼロから考えるととても大変ですね。
- ：研究もまったくのゼロから考える必要はないですよ。研究という営み、特

第2章　日常から見つける研究のタネ①

に、先行研究にもとづいて新しい発見を加えていく過程を、「巨人の肩の
上に立つ」ということがあります。先人たちの研究でわかってきたことを
「巨人」とし、その肩の上に立って、そこから見通せる景色を見ればいいと
いうことです。実際に、心理学の研究をしていくときには、先行研究の概
念や方法を参考にしながら進めていくことも多いです。

：そうなんですね。やはり、いろんな研究を知っておいたほうがいいので
しょうか？

：はい、そうですね。それと合わせて、アイデアノートに書かれたことを読
み解きながら進めていくことも大事になると思います。書かれたエピソー
ドを読ませてもらいながら、いろいろなことを連想しました。話をしなが
ら、どのあたりにココロさんの関心があるのかが見えてくればと思います。
あるひとつのことを掘り下げて考えてもよいですし、いくつか関心が引か
れることに共通することを見つけようとすることもできます。関心が引か
れるというのは、その現象が起こってくるメカニズムをもっと知りたいと
か、現象に関する理解を進めたいと思うことです。研究は、何かしらの
「発見」を伴うもの、と言われたりします。

：…なんだか難しそうですね。

：まあ、あまり難しいと構えなくてもよいですよ。ノートにいろいろなこと
を書き留めていますよね。それを大事に育てていくことで、進んでいきま
す。最初のところからみていきましょうか。20種類のトッピング、とい
うと、ひとつひとつを入れるか入れないかで2通りあり、その20乗、つ
まり、その組み合わせだけで100万通り以上、ビーフ、チキン、さらに
ポークもあるとすると、300万通りにもなりますね。

：考えてもみませんでしたが、そうなんですね。

：まあ、トッピングの可能性だけで多くのバリエーションがあるように見せ
るという工夫でもありそうですし、20種類全部のトッピングを乗せると
いう人は、あまりいなさそうですね。実際、一人目も、二人目のお客さん
も、「オススメ」をベースにしながら注文をしていましたね。

：あ、本当ですね。たしかに、オススメを選ぶ人が多いです。

：選択肢が多く示されることで、「たくさんから選べるんだ！」とポジティ

65

ブに感じたりするかもしれませんが、「選択肢が少ないほうが、多い場合に
比べて選択後の満足感が高い」ということを示した社会心理学の研究もあ
ります。

🧒：そのようなことも研究になるのですね。

👤：現象のどこを切り取って見てみるかで多様な研究が生まれるんです。この場合だと、何かを選ぶという現象から、「意思決定場面における選択肢の数と満足度の関係」という部分を、抽象化して取り出して研究にしたということです。

🧒：抽象化ってどういうことですか？

👤：具体的な場面の事柄を、他の場面でも言えそうな「法則」の形にして考えるといえばいいかもしれません。「AはBである」というような命題の形を取ることもあります。

🧒：でも、選ぶ内容によって違ったり、人によって違ったりしそうです。

👤：そうですね。今言ったココロさんのアイデアというか疑問は、別の新しい研究のタネになるかもしれません。今のココロさんの言葉から、「意思決定場面における選択肢の数と満足度の関係は、意思決定の内容によって異なる」という新しい命題の検証が必要とも言えそうですよ。心理学の研究にもさまざまありますが、量的研究、なかでも仮説検証型のものは、このような命題、いわゆる仮説を立てて、それがどれくらい正しいかどうかを検証します。

🧒：なんか一気に研究っぽくなりますね！

　ココロさんは、「研究のひとつの形は、命題・仮説を立てて、その正しさを検証すること」とメモしました。

👤：アイデアノートのほかの場面も見てみましょうか。注文ミスのときのエピソードも、いくつか研究になりそうなことを切り出せそうに思います。たとえば、お客さんからの言葉について、これがいっそう深刻なもの、たとえば、「土下座しろ！」などという言葉になったとすれば、お客さんからの嫌がらせ、カスハラという切り口から考えられるかもしれません。

第 2 章　日常から見つける研究のタネ①

😊：なんか最近、ニュースでも取り上げられて、問題になったりしていますね。

🧑：そうですよね。自分が直接体験した事柄でなくても、ニュースや話題になったりしていることから、現象やメカニズムへの関心を高めてもよいと思います。また、こうした社会で注目されている現象は、どうしてこんなことが起こるのか、それを防ぐにはどうしたらよいのか、ということとつなげて考えることも大事になってきますよ。たとえば、カスハラのケースであれば、そのようなことが起こりにくいようなしくみを作ったり、対応を考えたりするということができると思います。

😊：問題となっていることを解き明かして、それを人のために役立てようというわけですね。みんなのために謎解きをしているみたいですね。

🧑：たしかに研究には、「こういうことがわかるといいな」ということをうまく設定して、それを解くことが期待されるという面もありますね。「こういうことがわかるとよい」という事柄を安宅和人さんは「イシュー」とよんでいます（安宅, 2001）。たとえば、対立する二つの考えがあるときに、実際にはどちらが正しいかがわかることで、関係する事柄が一歩進むようなもののことです。こうした問い、イシューをうまく定めることができると、よい研究になっていきますよ。

😊：これは、大きな問いに対して、いろんな人が取り組むこともあるということですか？

🧑：そうです。これまでの歴史のなかで、多くの研究者が携わってきた重要な問い、課題というものもあって、それとうまく関連づけながら研究を進めることも大事になってきます。最終的に論文を仕上げるときには特に他の研究者と、またそれを読んでくれる読者とも、問い、問題意識を共有することが大事になってきます。先行研究のイントロダクション部分などが参考になったりしますよ。

😊：先行研究との関連づけが大切だと聞いたことがありましたが、その意味がなんとなくわかった気がします。

🧑：それはよかったです。さて、アイデアノートに戻りましょう。先輩社員が厨房から出てきて助けてくれたところ、また、「勝手に注文の取り方を変えてしまって」という、効率のよいやり方にしようと変えたという部分は、

67

個人と組織の関係への注目でもありますね。以前、東海村 JCO 臨界事故とよばれる事故がありました。核燃料加工施設で、やりやすいようにと手順をマニュアルとは違うものに変えて作業したところ、核分裂連鎖反応が起きて、後に 2 名が亡くなったという事故です。人と人が関わりをもちながら、何かを成し遂げていくときにどういったことが起こるのか、というテーマは、社会心理学や産業・組織心理学という領域で扱われてきたこととも関係させられると思いました。

😀：○○心理学というのは、科目名でいろいろとありますよね。論文の掲載されている雑誌や学会も分かれていますよね。

👤：そうですね。ゼミも、たいていは先生の専門で分かれていますね。でも、特定のテーマについて、この先生のところじゃなきゃできない、というわけではないですよ。たとえば、暗黙の約束事である規範に従う、ということを考えていくときに、社会心理学でも扱えますが、そうした規範に従っていくことをどう身につけていくのかという切り口で考えれば発達心理学、教育心理学でも扱えますし、道徳に関する議論は認知心理学などさまざまな領域でも扱っています。そのテーマについて、自分はどういう切り口で迫ることに納得できるのか、大切な部分を扱っていると感じるのか、ということが大事だと思っています。

😀：「自分は」…なんですね。だから、味とか好みとか、料理と研究は似ているということなんですね。

👤：そうです。そういった意味では、アイデアノートとともに、ゼミの先生たちの研究論文や、ゼミの先輩たちの卒論を見ていくことも大事になりますよ。また、気になった現象やエピソードから、どのあたりに惹かれるのかを自分のワクワクという体感をもとに考えてもよいと思います。今日話をしていたなかで、どのあたりのことをもう少し探究してみたいと思いましたか？

😀：そうですね…。私が今日の話をするなかで、さらに考えてみたいと感じたのは、「選択」に関するところでした。人生は選択の連続だと言われますし、選択について研究でどのようなことが扱われてきたのかをもう少し調べてみたいと思いました。

第2章　日常から見つける研究のタネ①

: 興味深いテーマですね！　「選択」というテーマは、食べる物の選択から、就職活動における選択、また、その後のさまざまな場面における選択などさまざまに展開できそうですね。

: 足がかりになるような研究の知見はありますか？

: そうですね。ある程度関心がある領域や現象、また、切り口が見えてきたら、どのようなことがわかっているのか、それらをまとめるような理論があるのかということも見てみるとよいでしょう。ひとつの研究ですべてが明らかになるということはないので、関連する研究はいくつもあるでしょう。ひとつひとつの研究が積み重なって、それらを包括して説明する理論ができて、それに依拠しながらさらなる知見が積み重なるということもあります。関連するものにどういった研究群があるのかを整理してみて、自分の視点や問いはそのなかでどういう位置にあるのか、ということをつかもうとしてみるのもよいと思います。選択については、『選択の科学』（アイエンガー，2010）という書籍が話題になったこともありましたね。一度手に取ってもよいと思います。「選択」とか「意思決定」というキーワードで関係する論文を探してみるのもよいかもしれません。

: わかりました。

: あと、「これまで研究されてこなかった」ということがわかっても、それだけではそのことを研究する意義にはならないので注意しておいてください。研究されてこなかったのは、研究する価値が低いと思われて取り組んでこられなかったのかもしれません。答えを出すべき問いであるかとか、この切り口で回答を出すことは関係する人たちの考えや行動を一歩進めるだろうか、などと考えていくことが大事ですね。アイデアノート、関係する論文、問いの価値、それを研究で明らかにする意義、どのような「発見」が望まれているかなど、いろんなことを考慮しながら進めていけるとよいですね。

: わかりました。大変そうですけど、大きな研究の流れのなかに参加していくということでもあるのかと思うと、少し勇気も湧いてきました。

: 「学問の下の平等」という言葉もあります。先行研究に敬意をもちながら研究知見を積み重ねていくことは、大きな意味での研究コミュニティへ

69

入っていくことでもありますよ。研究の旅へようこそ、とでも言いましょうか。研究テーマを選んでいく過程自体も、まさに選択に関係する事象かもしれませんね。

😊：たしかにそうですね！　次の面談までに、アイデアノートにも追記しながら、書籍を見てみたり、論文も見てみたりしたいと思います。

**ココロさんの
アイデアノート**

- 研究のひとつの形は、命題・仮説を立てて、その正しさを検証すること。
- アイデアノートに書き出したいろいろな事柄は、ひとつに集約されるというわけではなく、自分の興味関心によってさまざまな研究に育てていける。
- ひとつの事柄を切り出したり、抽象化して考えるだけではなく、いくつか心が惹かれることから、その共通点や背後にあるメカニズムは何か、というところからテーマを考えていってもよさそうだ。
- 先生も話していたけれど、自分はどういう研究が好きなのかというのは、考えていってもよいだろう。
- アイデアノートの事柄は入口になるが、そこから、問いとしてもつ大きなイシューは何か、ということも丁寧に考えていくことが大事になると感じた。
- 「選択」という切り口からも、論文や書籍を見ていきたいし、日常現象についてもノートに記していきたい。まずは先生が紹介していた『選択の科学』を図書館で借りよう（Iyengar，2010 櫻井訳 2010）。

第 2 章　日常から見つける研究のタネ①

それは自分が納得できるアプローチですか？

　さまざまな研究領域、研究方法があります。そうしたなかで、特定の研究アプローチが、他のものに比べて絶対的に優れているとは言い切れないと考えています。そういった意味でも、自分が納得できるアプローチを探すことは、料理の「好みの味」を見つけていくことに似ていると思います。自分が労力をかけて取り組んでいくことになる研究のテーマを考えていく際も、漠然と考えるだけでは進まないこともあるでしょう。具体的な現象、テーマ、研究に触れていくことで、自分の関心がより鮮明に見えてくることもあります。

　多くの研究者が携わってきた問いや課題もあります。そうしたこととの関連から、「こうした命題・仮説が正しいか正しくないかがわかると一歩進む」というようなものを見つけるとよいということです。

　しかし、実際に考えて検討を進めていると、意義の追求より、正しい命題や仮説を設定することに注意が向きすぎてしまう傾向もあるように思います。正しさを追究するのも研究ですが、「わかることに意義があることは何か」ということに戻りながら進めることが大事だと思います。そうしたことには、これまでの研究で扱われてきた問い・課題との関係、まさに「巨人」との関係を意識することも欠かせないでしょう。

　「選択」というテーマは、まだ大きいので、今後、いくつかキーワードが追加されていくことで、より焦点が定まっていくように思います。

■ 2-4 節　参考文献
安宅和人（2010）．イシューからはじめよ──知的生産の「シンプルな本質」── 英治出版
Iyengar, S. S. (2010). *The Art of Choosing*. Twelve.（アイエンガー，S. S. 櫻井祐子（訳）（2010）．選択の科学　早川書房）

日常と自分を深堀りしてみよう

　アイデアノートを書きためたココロさんですが、研究のアイデアにつながっていきません。いろいろと考えてはみるのですが、どうにも先が見えてきません。そこで、先生にアポをとり、アイデアノートを見せながら、「こんな体験でも研究につながりますか？」と尋ねました。

教員：こうした日常の体験からでも、十分に研究につながりますよ。

ココロさん：ほんとですか!?…ちょっと安心しました。研究にはつながらないんじゃないかと心配していたんです。

：ははは。そんなことはないですよ。今パッと見たところからも、いくつかの研究につながるような心理学概念が思い浮かびました。

：え、こんなメモからですか？　でも、そんなのが出てくるのは先生だからじゃ…私にはまったく出てこなくて…

：たしかに、教員は心理学のことをよく知っているので、そうなのかもしれません。でも練習次第ですよ。まずは、日常的なことが、心理学でどう説明されているんだろうという視点で教科書などを読んでみるといいですね。そして、その逆、つまり教科書にある概念は日常のどんなことを説明しているんだろうと考えてみることも大事ですよ。

：そうなんですね。高校までの勉強のように、概念やその説明を覚えたりはしようとしていたんですけど。

：覚えることももちろん大事ですよ。でも、心は見えないものですし、心理学では抽象的な概念として説明されます。その説明は、日本語としては理解できるように感じると思いますが、本当に理解しようとする場合、その概念と日常の具体的な事象とが結びつくことが大事なんですよ。

：概念と具体的な事象が結びつく…ですか…。私がそういう理解をできるようになるまでは、研究を進めるのは無理なんでしょうか…？

：そうでもないです。ココロさんも、これまで学んできて心理学の知識は増

第 2 章　日常から見つける研究のタネ①

えてきていますよね。でも自分一人だと難しいならば、教員や仲間と一緒に考えるということも大切です。こうして相談に来ること自体も研究を進める大切な作業ですから、一緒に考えてみましょう。たとえば、ということで進めてみましょうね。ココロさんにとって、このメモのなかで一番気になることや関心のあること、これが明らかになったらいいなと思うことは何ですか？

😊：このメモのなかですかぁ…。「冷静にやっていたら起こらないようなミスだった。どうして焦るとミスが増えてしまうんだろう。ミスが起こらないしくみ作りってどんな工夫が考えられるだろう」ですかね。

🧑：なるほど。たとえば、ここで「焦り」とありますが、「焦り」は心理学用語ではなく日常的な言葉ですね。これを心理学的に考えてみましょう。

😊：はい…でもどうやって…？

🧑：そうですね、そこが難しいんですよね。たとえば、私が専門とする臨床心理学では、焦りや怒りや不安などとして表されていることは、実は十分に表し切れていないものとしてとらえ、そこから、よりその人が表したい意味合いとは何なのか、あるいは、もっと詳細に表そうとするとどういうことなのかを探求するということをします。これにならって、アルバイトで焦っている自分を想像して、ココロさん自身が何に焦っているんだろう。あるいは、その焦りってどんな焦りなんだろうと探求してみましょう。

😊：えー。うーん…迷惑をかけないかなとか…えーでも、私そんないい人でもなくて…どう言ったらいいのかな、相手が嫌な思いをすることというよりは…うーん、ちょっと言いにくいんですけど、相手に嫌な思いをさせる自分になりたくないっていうか…

🧑：うんうん。相手に嫌な思いをさせる自分になりたくない？

😊：えー、ちょっと恥ずかしいんですけど、相手をガッカリさせる自分はイヤというか、ガッカリさせることがまったくないすごい人でありたいってのとは違うんですけど、でもそういうことになるのかなぁ…

🧑：うん、今はっきりわからなくてもいいですよ。ガッカリさせる自分は嫌で、ガッカリさせない自分でいたいということでいいですか。

😊：はい、そうですね。なんだか自分で考えているよりすっきりした表現にし

73

てもらった気がします。

👤：なるほど、今のココロさんの心境を聞いて、そこに少しヒントがあるような気がします。

👧：えー!? 本当ですか？

👤：ココロさんが思っていることとは違うかもしれないので、あくまで私が考えたことということで聞いてくださいね。

👧：はい。

👤：一番はじめに出てきた「迷惑をかけたくない」ということを、他者に迷惑な奴だと評価されることを気にする気持ちと解釈してみると、「評価懸念」という心理学概念が思い浮かびます。もちろん、ココロさんが想像したことと違うかもしれませんが、仮に「評価懸念」だとすると、ココロさんの体験は、評価懸念が高いためにミスをおかした体験ととらえられます。これを研究の枠組みに落とし込もうとすると、「評価懸念が高い人は、評価懸念が低い人に比べて、ミスが多い」という仮説を設定することができますね。この仮説をもとに量的な研究を実現するとしたら、たとえば、評価懸念尺度とミスを測定する方法を探すことになります。

👧：評価懸念尺度は見たことがあるような気がします。でも、ミスを測定するものって…？

👤：たとえば、ミスは計算ミスという行動で測定することにしましょう。他者から評価をされる場面を設定して、単純な計算課題を一定時間でできるだけ早くミスのないようにという教示の下に行ってもらって、計算ミスの数を測定する…

👧：あー、本当だ。それでミスは測定できますね。

👤：そうすると、どんな分析になるか想像できますか。

👧：えーと、評価懸念尺度の得点とミスの数の関係だから…相関？

👤：それも一案ですね。評価懸念が高い人と低い人という点に注目するなら、評価懸念尺度得点の高低で群を分け、群間でのミスの数を検討するという手もあります。

👧：おぉ！ 研究計画ができた!!

👤：今みたいな発想をすると、ひとつの研究計画ができますね。それ以外にも、

74

第 2 章　日常から見つける研究のタネ①

だんだんミスが減っていくときにはどんなプロセスを経ていたかに注目したい場合、質的研究にもなります。たとえば、評価懸念の高い人で、はじめはミスが多かったけど少なくなった経験をもつ人を対象として、インタビュー調査に協力してもらうわけです。この場合、評価懸念が高くてもミスが減ったのはどんな体験を経たからなのか、ということがリサーチクエスチョンになります。このリサーチクエスチョンに回答するためのデータをインタビューで集めるわけです。複数の人に協力してもらい、そこから共通することや、あるいは個別性に着目してインタビューデータをまとめ、リサーチクエスチョンに対する回答を導くのです。

🧒：なるほど、評価懸念といっても、どんなことを知りたいのかによって、ずいぶん方法が変わってくるんですね。

🧑：そうなんです。量的研究と質的研究では知れることが違うので、何を知りたいかによって方法は大きく変わりますね。

🧒：そういうことなんですね。

🧑：話は戻りますが、ココロさんはガッカリさせる自分はいやで、ガッカリさせない自分でいたいということでしたよね。

🧒：あ、はい。でも、それは評価懸念ではないんですか？

🧑：違う説明も考えられますよ。ガッカリさせない自分でいたいというのは、こうありたいという自分であるかどうかということですので、評価懸念のような他者の評価ではなく、自分の自分に対する評価ともとれます。

🧒：えー、さっきは評価懸念だと思ったのに！　たしかに自分に対する自分の評価なのかもしれないです。

🧑：そうなんです。人は自分のことはわかっていると思いがちですが、実は、いろいろと掘り下げてみると、当初は思いつきもしなかったけど、後になってわかることもあるんですよね。だから、「焦り」と言葉にして終わるのではなく、その「焦り」にはどんなことが含まれているかな、もっとうまく表せないかなと探求すると、別の側面が見えてくることもあるんです。

🧒：へぇ、なんだか不思議です。

🧑：不思議な感覚になりますね。話題にしている自分に対する自分の評価という考え方は、社会的に望ましい自分の側面は受け入れられるが、望まし

75

くない自分の側面は受け入れられないと思っているととらえられます。そうすると、これは自己受容のことではないかと考えることもできます。

😊：え、自己受容ですか。評価懸念とかなり違いますね。

🧑：そうですね、だから自分が知りたいことはいったい何なんだろうなと丁寧に探求し、それとピッタリな心理学概念を探さないと、知ろうとしていることが本当に知りたいことと違っていたということになりかねません。

😊：うわー、それはイヤです。

🧑：そうなんです。ひと口に自己受容と言っても、いろいろな研究がなされているんです。自分を受け入れる度合いとして単純に測定されている場合もあります。先の話では、社会的に望ましいと思えない自分の側面を受容しているか否かということが重要なポイントでしょうが、そうすると、自己受容の研究のなかから、そうしたことに特化した研究はないかどうかを調べるんです。たとえば、私の知っている研究で、「上手な諦め」という概念を扱ったものがあります。これは、ネガティブな自分の側面も受け入れているかというところと関連しそうで、ヒントになるかもしれませんよ。

😊：そうですかぁ、メモのなかのたったひとつの日常の例でも、いろんな研究に展開できる可能性があるんですね。今日のことを参考に、改めて自分がどんなことを知りたいのかを探索して、それがどんな心理学概念とつながりそうかを考えてみたいと思います。

**ココロさんの
アイデアノート**

・アイデアノートに記した日常のできごとを、心理学の観点からとらえ直してみる。心理学概論などの授業で使用した教科書や、図書館にある本も参考にしてみると、とらえやすくなるかもしれない。

・その心理学概念を論文検索の際に活用して、これまでその概念が使われた研究を見て、自分が知りたいことに近い論文などを読む。

・論文を読む際も、単純に言葉を追うような読み方ではなく、日常のこととして想像しながら読む。

・「上手な諦め」に関する研究を調べる。

第 2 章　日常から見つける研究のタネ①

> ⇒上田（1996）の研究。たとえば、「人とうまくつき合っていける」に対して「はい」か「いいえ」のうち「いいえ」と答え、「そういう自分に対してどう感じるか」を「5. 問題なくよいと思う」から「1. 非常によくないと思う」の5件法のうち、「5. 問題なくよいと思う」と答えた場合、自分は社会的に望ましいと評価されるような人づき合いがうまいわけではないが、それでもいいと思っている自己受容の度合いがわかる。社会的に望ましい特徴が少ないと回答した自己評価低群では、そんな自分を受け入れている人のほうが受け入れていない人よりも自尊心が有意に高かった。

それは心理学概念ではどう説明できますか？

　日常生活の具体的事例から研究に結びつけることは、十分にできることです。ただ、うまくやらないと、研究として説得力のない、思いつきでやってみただけのものになりがちです。そうならないためにも、まずは具体的事例を改めてより細やかにとらえようと探求し、心理学概念でとらえ直すことが一助となります。そして、その心理学概念を使った研究で明らかになったことを収集します。

　その際は、論文中での説明は日常のどのようなことを説明できるのかを思い浮かべながら理解し、自身の例との違いや自身の例を十分に説明できていない点に注目しましょう。違いや十分に説明できていない点を補うものを想定すると、先行研究を参考にした、独自の研究のアイデアが展開できたりします。補うものを想定する際も、できればその補うものを心理学概念に落とし込み、それを使った研究を用いて研究アイデアの妥当性を説明できると説得力が出るでしょう。

■ 2-5 節　参考文献
上田琢哉（1996）．自己受容概念の再検討――自己評価の低い人の"上手なあきらめ"として――　心理学研究, *67*, 327-332.

研究遂行に必要なら日本・海外問わず研究者に連絡を

原田 知佳

「他者の行為なのに、恥ずかしくて見ていられないんです。私と同じように他者の行為を見て恥ずかしいと感じる人もいれば、そうした感情はまったく生起しないという人もいて…、これって卒論のテーマになりますか？」

とあるTV番組で、"共感性羞恥"というキーワードが紹介されたこともあってか、二人のゼミ生から、それぞれ別の時期にこうした相談を受けました。相談を受けた年度は異なっていたのですが、二人ともまったく同じことを言っていたのが印象的で、当時放送されていたTV番組（ムカッとしたことに対して、機転を利かせたり、転機が訪れたりして、スカッとした視聴者の話をドラマ化して紹介する番組）が恥ずかしくて見ていられない（身勝手なことをする人が最終的に恥をかく様子が見ていられない）、と言うのです。最初に相談してくれたゼミ生は途中で別のテーマに変わりましたが、もう一人のゼミ生は、このテーマを卒業研究にしました。

国際論文を探す "他者の行為を見て恥ずかしいと感じる"感情は、共感性羞恥、代理羞恥、観察者羞恥という用語で検討されてきました。当時、日本語で書かれたこのテーマに関する論文はとても少なく、国際誌論文も含めて検索するよう指導をしました。学部生だと英語で書かれた国際誌論文を読むのはハードルが高いと思う人もいるかもしれませんが、今は、無料でも利用できる高精度な翻訳支援サイトを利用すれば、学部生であっても比較的容易に読むことができます。Google Scholarでキーワードを入れて検索し、自分の興味と合致する題の論文のうち、Impact Factor（学術雑誌の影響力を示す指標のひとつで、ある雑誌に掲載された論文が、特定の1年間に平均的にどれくらい引用されたかを示す値）や発行年を参照しつつ、優先順位をつけながら読んでみるよう伝えました。そうしたなか、ゼミ生が興味をもったのが、Krach et al.（2011）の論文でした。

Krach et al.（2011）は、代理羞恥の場面を、行為者の"意図性（意図的 or 偶発的）"と"気づき（自覚 or 無自覚）"の次元から4カテゴリーに分類し、ドイツ人を対象に代理羞恥感情の生起について検討しています（行為者が羞恥を感じていなくても、観察者が羞恥を感じるケースがあり、必ずしも"共感"して羞恥を感じているわけではないため、ここでは英語表記でもよく用いられ

る代理羞恥という語を用います）。その際、絵付きの場面を提示し、各場面（e.g.,
ズボンのチャックが開いている男性が前から歩いてきた）に遭遇した際に、ど
の程度恥を感じるかを測定していました。私とゼミ生は、そこで実際に用いた
質問紙をもらうことができれば、自己評定による国際比較の限界はあるものの、
ドイツ人と日本人の結果を比較することができるね、と話していました。

外国の著者にメールを　論文では、責任著者の連絡先が掲載されているこ
とがよくあります。論文に掲載されていなくとも、著者名で検索をかければ、
HP 等で連絡先が記されていることも多々あります。Krach 氏の場合は、論文
にメールアドレスが掲載されていたため、早速連絡を取るようゼミ生に伝え、
私のメールチェックを経て、調査用紙を見せてもらうことは可能か、それを用
いて日本人を対象に調査することは可能かを尋ねてみました。メールを送って
即日に返信をもらうことができ、調査の了承を得ました。結果として、ゼミ生
の卒業研究は、「代理羞恥の日独比較および規定因と適応的機能の検討」とい
う題で、日本心理学会第 87 回大会で発表（原田・川原，2023）するにまで至
りました（論文化はまもなく…？）。

　研究は、知見の積み重ねによって進展します。論文に責任著者の連絡先が記
されているのは、研究内容の疑問や資料請求があれば、即座に尋ねることがで
きるようにするためでもあります。卒業研究もひとつの学術研究ですから、研
究遂行にあたって必要があるならば、国内・海外問わず、積極的に研究者に連
絡を取ってみましょう。ただし、学部生はメールに慣れていないことが多いた
め、メールの文面は指導教員に一度確認してもらってから送ることをお勧めし
ます。研究者は多忙な人が多いため、連絡に気づかず、スルーされてしまう場
合もあるかもしれませんが、研究者にとって、自分の研究に興味をもって連絡
をもらえることはとてもうれしいものです。学術的・実践的意義のある卒業研
究遂行のために必要ならば、臆せず研究者に連絡を！

Krach, S., Cohrs, J. C., de Echeverría Loebell, N. C., Kircher, T., Sommer, J., Jansen, A., & Paulus, F. M. (2011).
　　Your flaws are my pain: Linking empathy to vicarious embarrassment. *PloS one*, *6* (4), e18675.
原田知佳・川原日和（2023）．代理羞恥の日独比較および規定因と適応的機能の検討　日本心理学会第 87
　　回大会，701.

第3章

日常から見つける
研究のタネ②

〜恋バナは研究になるか〜

ココロさんは友達が失恋をした話を聞いている
うちに、この経験を研究テーマにしてもよいの
ではと考えるようになりました。でも、簡単に
テーマを変えてもいいものなのかなど、なかな
かすっきりしません。2章と同じように読んで
みましょう。

- 3-1 節 もしもＡ先生に相談していたら 概念に振り回されないようにしよう
- 3-2 節 もしもＢ先生に相談していたら 結論や答えにとびつかないようにしよう
- 3-3 節 もしもＣ先生に相談していたら 「自分の研究」という意識を大切にしよう
- 3-4 節 もしもＤ先生に相談していたら さまざまな角度から納得のいく切り口を探そう
- 3-5 節 もしもＥ先生に相談していたら 特定領域の専門的知見を活用しよう

「さい子さんの失恋話が…」

第3章　日常から見つける研究のタネ②

第 3 章　日常から見つける研究のタネ②

85

第3章 日常から見つける研究のタネ②

第3章 日常から見つける研究のタネ②

ココロさんは、この経験について、アイデアノートに書きました。

> **ココロさんのアイデアノート**
>
> - 自分は高校で失恋したとき、しばらく引きずってしまったのに、なんであんなに気分をうまく切り替えられるんだろう。　#ストレスコーピング
> - パートナーの言動に対して違和感をもったり不満を感じたりしたとき、どんなふうに対処したらよいのだろう。　#葛藤対処
> - 失恋の経験をもとに、何かを学んだり成長したりすることってあるのかな。　#心理的成長
> - 価値観の違いで別れることもあるけど、価値観が違うからこそ惹かれることもあるよね。何が違うんだろう。　#対人関係
> - 何回も話を聞くうちに、さい子ちゃんの話す内容が、なんとなく変わってきた気がする。最初はりょう君のことが理解不能！！って感じだったのに、今日は何で彼の変化に気づけなかったか、っていう話になっていた。　#語り直し、自伝的記憶
> - 私もだけど、自分のことを、相手はわかってるって思っちゃう…。　#透明性の錯覚

そして、この経験が自分の研究テーマに結びつくような気がしてきました。それについて先生に相談してみたいと思いました。

第3章 日常から見つける研究のタネ②

概念に振り回されないようにしよう

🙂 **ココロさん**：私、交際の研究にしようかと思っているのですけど。
👤 **教員**：交際…って？
🙂：あ、男女交際のことです。
👤：うん、それはまた大きな変更ですね…。それでどうするの？
🙂：どうする…って？
👤：男女交際について、ココロさんはどういう研究をしたいのかなってことですよ。
🙂：それは…これから考えようかなって…
👤：うん、これからしっかり考えればいいと思いますよ。でも、どう考えるつもりですか？
🙂：いや…、それも含めて、文献を読みながら考えようかなと…

　ココロさんは、さい子ちゃんの話を聞いたときから心に引っかかっていたことを、先生に話してみました。その結果、会話はこのとおりまったく進みません…

🙂：やめたほうがよいですか？
👤：いや、よいとかよくないという前に、まだあなたのテーマになっていないのですよ。テーマとは何のことかはわかっていると思うけど、「男女交際」というのは、テーマとはいえないですよね。ココロさんは、男女交際のどういう側面が気になっているのでしょう？ 関連した論文など見てみましたか？
🙂：まだです…

　ココロさんは、このときはじめて男女交際が気になっていることを話したのですが、結果はこのように散々（？）でした。その後もあまり話は弾まず、だ

91

んだんと居心地が悪くなってきて、「すみませんでした」と言って研究室を出ることになりました。

「先生の印象を悪くしちゃったな…」と、廊下を歩きながら、ココロさんは先の時間を反省しました。やっぱり思いつきで話してもダメだよね…、本や論文を読んで知識を増やしてから話してみようと思い、その足で図書館へと向かいました。

そしてしばらくの後、再び先生のところへ…

:先生、アイデンティティの研究はどうでしょう？

:どうでしょうと言われてもね…。どうしてアイデンティティなの？

:しばらく男女交際とか恋愛に関係する本とか論文を読んでみたんです。そのなかに「アイデンティティのための恋愛」というものがあるのを見つけて…

:見つけて？

:なんて言うか…、いいなって思ったんです。

:どこがよかったの？

:友達の言ってたことに関係しそうというか…。交際についてやろうと思ったのは、友達の話を聞いたことがきっかけで、その話の内容が、「アイデンティティのための恋愛」と重なっているところがあるような気がして。だから、そういうのをやってみたいなって…

ココロさんは、先の面談の後、かなりがんばって何冊かの本や論文に目を通しました。その読書記録をアイデアノートに書き留めていたのですが、「アイデンティティのための恋愛」についてのものが一番印象に残りました。さい子ちゃんの言っていたこととも、どこか重なるような気がしたのです。そのため、「アイデンティティのための恋愛」についての研究をしてみようかなと思って話したのですが、先生の顔はどう見ても困惑している表情です。

:これもやめておいたほうがいいでしょうか…？

:やめたほうがいいとは言いませんが…。ココロさんが、それを本当に研究

第 3 章　日常から見つける研究のタネ②

としてやりたいのかなっていうところが気になっているのですよ。

たしかに興味はある、でも「本当にやりたいのか」と問われると…、ココロさんはうまく答えられませんでした。そして話は弾まなくなり、またしても居心地が悪くなってきたココロさんは、「またお願いします」と言って研究室を去りました。

興味はあるのに…、本や論文で知識は増えてきているのに…、「アイデンティティのための恋愛」も心理学の専門用語なのに…。どうしたら OK が出るんだろう…。家に向かうココロさんの頭のなかでは、解決の糸口さえつかめない疑問がグルグル回り続けるのでした。

そして 2 週間後、ココロさんはもう一度先生を訪ねました。

🧑: 恋愛行動と恋愛意識の関係はどうでしょう?　結構先行研究もあって、こういうのもいいなって。

👤: どうでしょうって…どういうこと?

🧑: この路線でやっていっていいのかなってことですけど…。これもダメですか…

ココロさんは、この面接のために必死に恋愛に関する先行研究を探して読みました。大学に入ってから一番がんばったと言えるくらいやったつもりでした。目を通し、気になった論文には「恋愛行動」や「恋愛意識」という用語がよく使われていたので、こういう概念を使って研究できないかと思いついたのでした。

しかし、先生の表情はすっきりしません。困っているあの表情です。それを見て、「もう無理…」とココロさんは泣きたくなってきました。

👤: ココロさんは、いつも同じようなことを言うんですね。

🧑: 同じこと?

👤: そう。これまでも「ダメですか」「やめておいたほうがいいですか」って聞いていましたよ。何でそういうことを聞くのかな?

93

そう問われたココロさんは、はたと困惑しました。これって、おかしな質問
なの？？　そんなことを考えていたら、先生は苦笑しながらこう言います。

🧑‍🦰：まずは、ココロさんが本当にやりたいと思っていることを伝えてほしいん
　　だよね。倫理的に問題があるとか、死後の研究みたいに絶対にできないよ
　　うなことなら止めるけど。

🧑：……

🧑‍🦰：ココロさんは、気にするべきところを間違っていそうですね。今気にしな
　　ければならないのは、できそうな研究とか、OK が出そうな研究ではなく、
　　ココロさん自身がやりたい研究ですよ。学生がやりたい研究をサポートす
　　るのが私たちの仕事です。だから「やめておいたほうがいいですか」じゃ
　　なくて、「私はこれがやりたいんです。どうすれば、できますか」みたいに
　　聞いてほしいなって思うんです。

　ココロさんは、別に「できそうな研究」を探していたわけではありませんで
した。「やりたい研究」を探していたつもりだったのですが、コレ！という感
じがなかなかもてなくて、先行研究を見ているうちに、「アイデンティティの
ための恋愛」とか「恋愛行動」「恋愛意識」といった用語に関心がひかれるの
に気づき、それをもって面談に臨んだのでした。

🧑：じゃあ…、「アイデンティティのための恋愛」の研究ってどうすればでき
　　ますか…？

　「じゃあって何よ」と、また先生は苦笑です。

🧑‍🦰：前回話していたことですね。たしか、友達が話していた内容とどこかつな
　　がるような気がするから、「アイデンティティのための恋愛」をやってみ
　　たいって言ってたよね。でも、このままじゃあ研究にはならない。だって、
　　ここに疑問がないから。…これが理由なのはわかる？

🧑：はい…

第 3 章　日常から見つける研究のタネ②

🧑: 今の状況で、ココロさんの「『アイデンティティのための恋愛』の研究ってどうすればできますか？」という質問に答えるなら、「『アイデンティティのための恋愛』が鍵になりそうな疑問を見つけましょう。研究を通して追究するクエスチョンを見つけましょう」って感じかな。もっとも、今の様子だと「アイデンティティのための恋愛」にこだわるのはよくないと思うけどね。

👧: じゃあ…じゃないですけど…、疑問はどうすれば見つかりますか？

🧑: それを聞きますか!?　それはね、私もよい方法を知らないです。ただ、ココロさんが疑問を見つけようとしない限り…。たとえば、論文を読んで、そこからあなたの感じる疑問を取り出さない限り、ココロさんが関心を向けている友達の失恋話から疑問を取り出さない限り、ここから先には進めないでしょうね。以前、優柔不断の話をしたときに、研究と現実のズレについて触れたけれど、あのような見方も疑問につながりやすいと思うけどね。

　その後、先生はココロさんに、もう一度、さい子さんの別れ話について話すように求めました。そして、ココロさんはいくつか質問を受けました。

🧑: その子たちは何でつき合い始めたのかな？　相性がいいって思ったから？　同じような価値観をもってるって感じたからなのかな？

👧: 聞いたことがないです…

　ココロさんは、何ひとつ満足に答えられませんでした。

　そんな会話をしていたら、あっという間に結構な時間が過ぎたのですが、ココロさんは自分がさい子ちゃんとりょうくんの恋愛について実はほとんど知らないんだと感じ始めました。別れ話のときのさい子ちゃんの様子は今でもはっきりと思い出せます。でも、それまでの二人がどうだったのかは、ほんの少ししか知らないのでした。

👧: 今度、その友達にしっかり聞いてみたほうがいいですね。

95

🧑: うーん。大事な情報だろうけど、彼女にとって、それはちょっとつらいかもね…。彼女が話してもよいというなら別だけど。ココロさんにそういう経験があれば参考になるかもしれないね。

👧: …そうですね（苦笑）…

ココロさんの アイデアノート

　今までの私の研究への取り組み方は、間違っていたようだ。変えなければ。

●今やるべきこと

・自分がやりたいことを見つけ、きちんと伝えられるようにする（アイデンティティのための恋愛、恋愛行動、恋愛意識は一時保留）

・研究には疑問が必要、大事（以前、ノートにも書いていたのに……（´ω`）。もう忘れない！）。自分の疑問を見つける！

・さい子ちゃんとりょう君の恋愛の様子を知らない→さい子ちゃんには、それとなく話をふって、聞けそうなら聞いてみる。私の失恋も少し思い出してみる。…私は恋愛ということについて何をどこまで知っているのだろう？

　疑問を見つけられるようになるというところが難しそう。先生は、自分が知らないことに気づければ、それが疑問になるって言っていた。

　先生と話をしていて「人はなぜ恋愛をするのだろう」なんて思ったけれど、研究されているのだろうか→調べてみる…あ、これ疑問だ。

質問はダメのサインではありません

　研究について何か質問をすると、そして、それにうまく回答できなかったりすると、次の回ではまったく違ったものを話す学生は少なくありません。学生からすると、質問されたり（つまり研究について疑問を投げかけられたり）、自分がそれにうまく答えられなかったりすると、「こういう研究ではダメなんだ」という判断につながるのかもしれません。

　しかし、教員にしてみれば、研究について質問をすることは当然の仕事であり、その場でうまく答えられなくても、次までに答えを用意してくれればよいのです。研究は、こういう過程を経て成長していきます。質問は「ダメ」のサインではありませんので、勘違いしないでください。

　もうひとつ、このような様子になると、「疑問を見つける」という部分に意識が向かなくなります。ココロさんの様子からは、友達の別れ話においても、読んできた本や論文の使い方においても、そこから研究する疑問を見つけようとしている姿勢が見えません。こうなると、いくら経験が増えても、また知識が増えても、研究のスタート地点に立つことが難しくなってしまいます。研究は疑問からスタートしますし、疑問は「私は知らない」という気づきから生まれます。研究をし始めると、経験や知識が増え、「知った」「わかるようになった」ことが増えていくのですが、研究を進めるためには、「何がわからないのか、わかっていないのか」という点を見いだそうとする意識を強くもっておくことが大事でしょう。

結論や答えに とびつかないようにしよう

アイデアノートを開きながら、ぼんやりとココロさんはつぶやきます。

🙂 **ココロさん**：先生、相性って何でしょうね。
👤 **教員**：研究の質問に来たんですよね？
🙂：ちょっと前に、友達が彼氏と別れたんです。それで、いろいろ話を、まぁ聞かされて。こんなことをつらつらと考えたんですけど…

ココロさんは教員にノートを見せました。

👤：見ていいの？
🙂：もう全然構いません。私の自己開示は今研究に向けて絶賛フルオープンです。
👤：なるほど。あなた自身も千々に乱れた訳ね…。で、研究のテーマをどうしたいのですか？ この前のミスの話はどうなったのですか？
🙂：この前の、焦るとなんでミスするのか、もいいんですけど、今ひとつ決めがたい気分もあって、ほかにネタがないかなぁって思ってるんです。でも、やっぱりどうでもいい感じのことしか思い浮かばなくて…
👤：そう？ このノートを見ると、経験としてはいろいろなことに気づいているように読めますけど？ 何が一番自分のなかで印象的なのですか？
🙂：相性ってなんだ、が一番の疑問なんですけど、これは自分でも壮大すぎる問いで太刀打ちできないと思うので自分で研究するつもりはありません。今回、ちょっと印象的だったのは、友達が、最初まとまりのない愚痴だったのがだんだん「振り返り」っぽいまとめをしだして、そうしたら何となく気分も上がってきたみたいなんです。合理化みたいな、自分に都合のよい解釈をしてるっていうのではなくて、なんて言うか経験をポジティブにとらえようとしているというか…

第3章　日常から見つける研究のタネ②

🧑: 記憶の改ざんという意味ですか？

👧: いいえ、記憶が書き換わったというより解釈を変えたって感じです。でも私は似たような経験をしたときにそれができなくて、結構ずーっと相手を恨んだんです。今でもあいつとの思い出は黒歴史です。あ、脱線しました。

🧑: なるほど。認知の変化ですかね。

👧: それです！

　先生が使ったこの言葉は体感にしっくりくるものだったので、ココロさんは思わずちょっと大きな声を出してしまいました。

👧: できごとは何も変わっていないのに、そのとらえ方を変えたって感じです。で、思い出が黒歴史になるかどうかには、何が影響するのか知りたいかなって。

🧑: 黒歴史ですか…それはちょっと定義のよくわからない語なので、まぁちょっと置いておいて、もう少し検証可能な問いにできませんか？

👧: 前に、語り直しっていうテーマの論文を読んだことがあるんです。ポジティブな語りをすると、ストレス反応が減るっていう内容でした。私の友達も、あのときにポジティブな語り直しをしていたなぁって思うんですが、語り直したから立ち直りが早いのか、立ち直りの早い人だから語り直せるのか、どうなんだろうって。

🧑: なるほど。さっきココロさんが言った「思い出が黒歴史になるかどうかに何が影響するか」というのは検証可能な問いとは言えませんが、語り直しという着眼ならばあるいは…

　目のつけどころがよいと言われたように感じたココロさんは、ちょっとうれしくなりました。

👧: えへへ。…で、どうすればいいですかね。

　拙速に結論に飛びつこうとするココロさんに、教員は待ったをかけます。

99

🧑: どうすればっていうのは、どういう意味の質問ですか？　もうちょっと
ちゃんと研究になるように考えなさい、って言うのが今の質問に対する返
答になってしまいますが、おそらくそれでは何も進まないでしょうね。そ
れで、何を聞きたいのかな？

　改めて問われてココロさんは、ハッとしました。今、自分は先生から「こ
ういう研究をすればよいよ」という「解答」を得ようとしていたことに気づいた
のです。ココロさんのその表情を見て、先生はニッコリ笑いながら続けます。

🧑: ココロさんの研究はココロさんのものであって、私の研究ではありませ
ん。不思議だな、知りたいなと思うことも、私とココロさんでは違います
よね？　私の思いつく研究をしても、ココロさんの知りたい気持ちは満足
できませんよ。私自身は今ココロさんが言ったことを検討したいとは思わ
ないので、何を知りたいのか、その知りたいことはどうすれば検証できる
のかを、あなたが考えていかなくてはいけません。

🧒: え。それは、今私の言った内容は、研究するには値しないっていう意味で
しょうか…？

　教員の返答を受けてココロさんは涙目になりかけています。

🧑: いやいや！　どうしてそういう理解になるのですか！　違う違う。興味
関心をどこにもつかは人それぞれということです。私が好まないからと
いって、それは価値のないことではありません。単純に好みの問題です。
そして、私の好みじゃないからと言って、指導しないということはあり得
ません。でも研究の主体はあなたですから、何がしたいかはあなたが考え
ないといけないのですよ。そして、あなたの興味が研究として成り立つよ
うにサポートするのが私の仕事なのですよ。ココロさんがこの経験のなか
で、気になったのは結局どこなんだと思いますか？

🧒: 黒歴史と思ったはずの経験は、語り直すことで黒歴史と思わなくなるのか
な…ということです……かね。

100

とっても自信のなさそうな様子でココロさんはつぶやきます。

🧑:さぁ、おなじみの作業ですよ！　日常的表現を心理学的に検討できる概念に置き換えてみて！　すでに学習した概念に、あなたが「黒歴史」とよんでいるものに近いものはありますか？
👧:黒歴史…は、嫌な記憶…、嫌な自分の記憶ですから…自伝的記憶？
🧑:おぉ。なんとなく勉強はしているんですね。
👧:まぁ…。この前先生とお話ししてて、記憶の関係の文献はちょっと読んだので、用語だけ…。そうか。語り直しと自伝的記憶の関係とか、語り直しと立ち直りの関係とか…
🧑:語り直しといっても、自発的な語り直しを操作することは難しいでしょうね。
👧:自発的な語り直しってなんですか？
🧑:ココロさん、また考えずにとりあえず聞く悪い癖が出かかっていますよ。まず、ココロさんが経験した事例で考えてみましょうよ。お友達はココロさんに、「もっとポジティブに言い換えたほうがいいよ！」とアドバイスされて、言い換えたのですか？
👧:いいえ、何度か同じ話をするうちに、勝手にポジティブな感じに変わってきました。

👤：そうでしたね。それこそが「自発的な語り直し」ですね。でも実験でデータを取るときに、参加者が自発的に語りを変えるのを待てますか？　自発的に語り直さないと意味がない、とココロさんが考えているのであれば、もちろん、自発的かどうかを検討の対象にしなくてはいけません。でも、指示されて行う語り直しをも「自発的」とみてよいのだと考えるのであれば、指示して意図的に行わせる語り直しという手法も取れることになりますね。

👧：嫌なことがあったときに、誰でもすぐにポジティブにとらえられるわけではないので…。自分ではポジティブにとらえられない人でも、方略として意識的にポジティブに語り直すことに意味はあるのか、というのは興味があるかもしれないです。

👤：ん？　「意味がある」ってどういうこと？

👧：え？　影響があるっていうか…

👤：うん。影響って何に対して？　どのような？

　さっきまで、へこんだココロさんをなだめ諭していたはずの先生は、急に身を乗り出して質問を重ねます。なぜだか急に眼光鋭くなった先生の、たたみかけるような問いにタジタジとなったココロさんは、面談しながら取っていたメモの手を止めました。

👧：せ、先生…一度には考えられません…

👤：そう。今あなたは方略として意識的にポジティブに語り直す、と最初に比べれば随分と練られた形で問いを口にしましたね。でもこの状態ではまだ「何が独立変数となり、何が従属変数なのか」がわかりません。わからない、私に伝わらない、ということがわかりますか？

👧：先生の言っていることがわかりません…

　もうココロさんは本当に泣きそうです。

👤：独立変数が何かは教えましたよね。

第 3 章　日常から見つける研究のタネ②

😐：えっと、従属変数の原因になっていること、です。

🧑‍🦲：なんだか本当にわかっているのか怪しいなぁ…。まぁいいでしょう。簡単に言うと、独立変数は、他の変数に影響されない、「説明する側」の変数ですね。従属変数は、独立変数によって影響を受ける、「説明される側」の変数です。たとえば、方略として意識的に語ることを、何かの変化を説明する側だと考えるのであれば、「方略として意識的に語る」という部分が独立変数になります。そして、その独立変数によって従属変数である何かが「変化」するのですよね？　「変化」を把握するためには何かと何かを比較しなければなりませんね。わかります？

ココロさんは自信なさげですが一応うなずいています。

🧑‍🦲：では、この場合の独立変数はほかにも考えられると思いませんか？　たとえば、語り直す内容は「ポジティブでなければならない」「ポジティブさこそがのちの何かを変化させる」とあなたが考えているのであれば、「方略として意識的に語る」ではなく、語り直す内容の感情価、つまりポジティブに語るのかネガティブに語るのかという点が独立変数になりませんか？

😟：な、なるほど…

🧑‍🦲：ココロさんがさっき口にした「意味がある」というのが従属変数みたいなものを指しているのだとすると、あなた自身が、何がどう変わることを意味があると思っているのかによって、この「意味の有無」として測るべきものも変わってきますよね？　たとえば、気分が変わってポジティブな状態になることを意味があるとするのか、あるいはネガティブな感情が減ることなのか、自伝的記憶として思い出されるものが変化することなのか、あるいは…

😟：せ、先生！　そ、そこまでで‼　ちょっと考えてきます！

🧑‍🦲：そうですね。何によって何が変わると考えるのかは、私のアイデアではなく、まさにココロさんのアイデアでないといけませんから。「影響がある」とか「効果がある」とかいう言葉は、みなさん簡単に使いますが、その内容は何かをしっかり考えないままに使ってはいけない言葉なのです。

103

教員と話したことを思い出しながら、ココロさんはノートにまた頭のなかのグルグルを書き出しました。

ココロさんのアイデアノート

・影響がある、っていう言葉に先生はすっごい突っ込んできた。何となく、曖昧は許さん！ 的な空気を感じたんだけど。論文では、○○の影響とかタイトルによくあるのに、何でだろう？

・知りたいのは、黒歴史（嫌な記憶）のことなのか、語り直しのことなのか。自分の関心はどっちに焦点があるのか？

・やること⇒自伝的記憶領域の論文レビュー。特に不快な記憶に関する研究に焦点を当てて探すこと。

・やること⇒語り直し研究の論文レビュー。臨床心理学領域でも結構論文はあった。広く領域をまたいで調べる必要がある！

・この間の、面談で話題に上がった「焦るとミスする」はどうしよう？どれが自分のやりたいことなのか……。別にコレっていう決め手がない。焦る！！！

その後、ココロさんはもう一度先生のところを訪ねます。

🧑：先生…いろいろと考えていたら迷子になってしまいました。

👤：ポジティブな語り直しに意味があるっていう話でしたよね？

🧑：そうです…。でもその後、「意味があるって何？」っていうのを考えていたらよくわからなくなってきて、もうこれは考えてもしょうがないのかな、別のテーマがいいのかなと思って、他を探し出したんですが…

👤：ちょっと待って！ 少し冷静に‼ 何か指摘を受けるたびに考えきることを避けて、次々とテーマを変えてみても研究は進みませんよ！

104

教員の説得を受けて、ココロさんはもうしばらく「意味があるとはどういうことか」を自分なりに深めて考えることにしたようです。

「意味を知りたい」ってどういう意味？

　「影響を知りたい」「関係を知りたい」「意味を知りたい」という漠然とした表現を、学生はよく使うようです。こういった表現を、研究の問い立ての段階で用いていては、適切な問いは立てられないことが多いように思います。

　この失恋エピソードでは、たとえば、ココロさんがノートに書き留めた、「気分の切り替えがうまくできない」というテーマなども、もう少しかみ砕いて考えてみることが可能です。切り替えられないというのは、ある考えにとらわれている状態と言い換えることもできるでしょう。あるいは、ふだんはそうでもないのに、ふとした瞬間に彼のことが思い出されてしまう、なども「切り替えられていない」状態と言えるでしょう。こういった状態を、心理学でも研究対象として取り扱っています。

　たとえば、望まない考えやイメージが浮かんできてしまう「侵入思考」を抑制するには、他のことに集中する「気晴らし行動」と楽しいことを考える「代替思考」のどちらが効果的だろうか？　などという問いも思いつきます。思考の抑制のための代替思考については、下の参考文献を参考にしてみてください。

　自分が何を知りたいのか、しっかり噛み砕いて説明できることが、研究の入り口では重要です。

■ 3-2 節　参考文献
木村晴 (2004). 望まない思考の抑制と代替思考の効果　教育心理学研究, *52*, 115-126.
池田和浩・仁平義明 (2009). ネガティブな体験の肯定的な語り直しによる自伝的記憶の変容　心理学研究, *79*, 481-489.
服部陽介・川口潤 (2012). 集中的気晴らしの利用が侵入思考を減少させる　人間環境学研究, *10*, 79-84.
服部陽介・丹野義彦 (2015). 思考抑制に関するメタ認知的信念が侵入思考に与える影響　心理学研究, *86*, 62-68.

「自分の研究」という意識を大切にしよう

- **教員**：お友達のさい子さん、気持ちが前向きに切り替わったみたいでよかったですね。

先生の研究室を訪問し、ひととおりのできごとを説明し終えると、先生はココロさんに言葉をかけました。

- **ココロさん**：そうなんですよ。しばらく元気がなかったので心配していたんですが、きちんと整理をつけて前進していて、強いなぁと思いました。それに比べて…私の研究は全然具体的に前に進みません…

どんよりとした声で言ったココロさんに、先生は思わず困ったように笑いながら、話を本題に移していきます。

- ：さて、今回もいろいろとアイデアノートにメモしているけど、このなかで特に気になっていることや興味をひいたことなどはありますか？
- ：うーん…「失恋を通した成長」とか、「パートナーに対する不満や違和感への対処」のところでしょうか…。同じ話を何度も聞いていて、最初のうちは自分の気持ちでいっぱいいっぱい、という感じだったのに、次第に恋愛関係に対する見方というか…パートナーに対する見方が変わっていたように思うんです。そういう見方や考え方の変化が、さい子さんの今後の恋愛に影響したりするのかなって思って…
- ：へぇ、もう少し教えてもらえますか？
- ：彼女たちがちょっとうまくいかなくなってきたあたりで、さい子さんは最初「相性が合わない」ことだと解釈していたみたいなんですけど、それがお互いに「相手を見つめきれない感じ」に変わったんですよね。

ココロさんは、最初、さい子さんが何を言いたいのか今ひとつよくわからなかったときのことを思い出していました。

🙂:「相性が合わない」だと本当にどうしようもない感じがしますけど、そこから「相手のことをもっとよく見よう」「相手にも自分のことをもっと知ってもらおう」と思えたら、さい子さんとりょうくんも今回みたいに急にお別れ！ってなるんじゃなくて、いろいろと関係を立て直すための行動ができたのかなって…。だからさい子さんは、これから別の人を好きになったり、つき合ったりしたときの行動が変わっていくのかな、なんて思ったんです。

　自分の考えを、自分で確かめるようにココロさんは言語化しています。そんなココロさんを見ながら、先生は話し始めました。

🧑:なるほど。今の話でおもしろいなと思ったのは、「相性」とか「関係性」のとらえ方が関わっていそうなところです。さい子さんのとらえ方が変わってきているところから、モチベーションのマインドセット概念を連想しました。
🙂:マインドセット！…って、何でしたっけ…？
🧑:こらこら。ほら、たとえば知能の可変性についてのとらえ方の違いが人のモチベーションを説明するっていう概念でさ…

：はっ、思い出しました。先生の授業でやりましたね。えっと…知能を「努
　　　力で伸ばせるものだ」と考える可変的なマインドセットと、「努力しても変
　　　わらないものだ」とする固定的なマインドセットがあって…。固定的なマ
　　　インドセットをもっていると、失敗したり困難にぶつかったりした際にあ
　　　きらめやすくなる一方で、可変的なマインドセットをもっていると、失敗
　　　や困難に直面してもがんばれる、という話でした…よね。

　先生のあいづちを確認しながらも、ココロさんにはまだピンと来ていません。

　　：でも、知能の話が今回の話とどう関係するんですか…？
　　：マインドセットの考え方、つまり、ある特性が可変か固定か、という考え
　　　方は、知能に限らず、パーソナリティや自制心など、いろいろな領域・内
　　　容について適用されていて、人の行動を説明する重要な概念となっていま
　　　す。恋愛関係については、自分の特性やパートナーの特性、そして、二人
　　　の間の関係性について、可変的なものととらえるか、それとも固定的なも
　　　のととらえるか、という問題になるようです。
　　：…ということは、たとえば固定的なマインドセットをもっていると…
　　：つき合っていくなかで、何か相手に不満なところや違和感をもつ部分が
　　　あったとしても、「自分が何か言ったり行動したりしても、どうせ相手は変
　　　わらないだろう」というふうに考えてしまいがちです。「自分たちの努力
　　　によってその関係性をよりよいものにできる」という発想をもちづらいの
　　　ではないでしょうか。そうすると、建設的な行動を起こせないかもしれま
　　　せん。

　　先生の言おうとしていることが次第にわかってきて、ココロさんは頭が回転
してくるのを感じます。

　　：そっか…。逆に、可変的なマインドセットをもっていれば、二人の関係性
　　　がよりよくなる可能性を信じて、何かトラブルがあっても乗り越える努力
　　　をすることができるのかも…。さい子さんが言っていたように、「好きな

第3章　日常から見つける研究のタネ②

らわかってくれるはず」というふうじゃなくて、「相手のことをよく見る」「自分のことも知ってもらえるようにする」ということができるかもしれませんね。

🧑: そうですね。マインドセットは、その人が何をめざして行動するかといったことや、できごとの解釈、生起する感情など、幅広い変数と関連することがわかっているので、おもしろい概念だなと思います。恋愛という領域におけるヒトの行動を考えるうえで、参考になる概念かもしれませんね。

　先生の話を聞きながら、ココロさんはさい子さんの言葉に思いを巡らせます。

😊: …なんだか、あのときのさい子さんのことが少しわかってきたような気がします。「相性が悪い」から、「お互いにコミュニケーションをとりながら関係を改善し続けていく努力も大切」へ、かぁ…。マインドセットの考え方もおもしろそうですし、また調べて、私の研究に使うかどうか考えてみたいと思います！

　そして数日後…

😊: うぅ…先生…辛いです…

　ココロさんは、また先生の研究室に来ていました。たまたま廊下で会ったココロさんが暗い顔をしていたので、先生が声をかけると、「研究のことで悩んでいる」とのこと。研究室に招いたところ、開口一番弱音が出てきました。

🧑: えぇ？　どうしたのさ、ココロさん…
😊: 先日あった演習の授業で、このあいだお話ししていたような内容で研究アイデアの発表をしたんですよ。そしたら、他の受講生たちからそれはもうたくさん意見や質問が出て…私、全然その場でうまく答えられなかったし、その後考えてもどうしたらよいのかわからない意見もあって、もうこのテーマじゃダメなのかなって…

109

お先真っ暗…という様子のココロさんを見て、先生は「そんなに批判的な意見が多かったの？」と聞くと、ココロさんはレジュメにメモしていた他の受講生たちからもらったコメントを先生に見せます。

そこには、以下のようなものをはじめ、多様な意見がメモされていました。

・恋愛関係は、相手ありきの関係性のはずなのに、相手についてのデータは不要なのか？

・恋愛関係に関するマインドセットは、どの程度領域固有なのか？　わざわざ「恋愛関係」に絞る必要はある？

・同じく恋愛関係に関するマインドセットは、どの程度意識的な変数なのか？　無意識的に機能する可能性は？

・恋愛に関する価値観は多様化しているように思うが、それらの影響は考慮しなくてよいのか？

🧑：へぇ。いろいろと参考になりそうなコメントが多くもらえたじゃない。

👧：そうなんですけど…でも、せっかくマインドセットの概念はおもしろそうなのに、このテーマで進めてもよいのか自信がなくなってしまって…

先日は意気揚々としていたのに、浮き沈みが激しいココロさんです。

🧑：まぁたしかに、思ってもいなかった箇所を鋭く批判されたりすると、痛い気持ちになるのはよくわかりますけどね…。でもさ、自分では思いつかないような視点やアイデアをもらえたりするのが、ゼミや演習系の授業のよさなんだから、もらったコメントは上手に生かしていきたいですね。

👧：たしかにいろいろと幅広く意見はもらえたのですが、自分の研究のなかで全部消化して取り入れられる気がしないんですよね…

🧑：研究に、もらった意見全部を取り入れられないことはありますよ。ひとつの研究のなかで扱えることはわずかなので、あれもこれもっていうのは無

第3章　日常から見つける研究のタネ②

理なんです。特に研究テーマの確立や問いの設定の段階では、論点も十分
固まっていないこともあって、幅広くいろいろな角度からのコメントをも
らうことが多いと思います。そこからうまく取捨選択していいんじゃない
かな。

ココロさんには先生の言葉は意外でしたので、思わず聞き返します。

🙂：えぇ？　せっかくもらった意見なのに、採用しなくてもいいんですか？

🧑：そりゃ、十分に吟味もせずに流してしまうのはよくないと思いますけど。
でもね、最終的に研究をするのは他の誰でもなく、ココロさんなんですよ。
これはココロさんの研究なんだから。ココロさんが本当に「知りたい」と
か「やってみたい」と思えるかどうかが、一番大切なんじゃないのかな。

🙂：私の研究…言われてみれば、あたりまえだけど、たしかにそうです。

🧑：教員からのコメントであれ、先輩や同期、後輩からのコメントであれ、コ
コロさんがじっくり考えたうえで、「これはおもしろいな、大切だな」と
思った部分を取り入れたらよいと思いますよ。そうじゃなくて、「ちょっ
と自分の問題意識と違うな」と思ったり、「理想的にはできたら望ましいけ
ど、現実的な制約から今回は難しいな」と判断したところは、無理に取り
入れなくてよいと思います。

🙂：なるほど…

🧑：ただ、直接今回の研究に取り入れられなかったものであっても、たとえ
ば、得られた結果の考察を深めたり、課題や限界点として論じておくこと
で、今後の研究につながったりする可能性はあります。だから、もらった
コメントはしっかりメモして、後から確認できるようにしておくとよいで
すね。

🙂：そうか…もちろん忘れていたわけではないんですけど、「私の研究」とい
う意識はいつの間にか少しぼやけてしまっていたかもしれません。他の人
の意見を聞かなきゃと思って、自分が何をしたいのか、何を知りたいのか、
ちょっと見失いかけちゃっていました。

🧑：もちろん、他者から学ぶ柔軟性が大事なのは間違いないですよ。でも、人

111

から意見をもらったり、批判されるたびにテーマや方向性を変えていると、結局いつまでたってもテーマは変わっても浅いところでぐるぐるしてしまって、研究が深まらないことがあるので、注意が必要です。

: たしかに…そうなると、研究も楽しめませんね。

先生は、「そうですね」と少し笑いながらうなずき、続けます。

: 他者からもらった意見や疑問もうまく活用しながら、自分のアイデアを深めていく作業は、研究に限らず大事なことだと思うから、がんばっていきしょう。では、さっそくみなさんからもらった意見や疑問をふまえて、検討すべき点を整理していきましょうか。

ココロさんの
アイデアノート

・モチベーション概念のマインドセットは、学業だけでなく、対人関係上の行動を予測したり説明したりするうえでも使えそう。

→ Dweck（2006 今西訳 2016）は、広い領域におけるマインドセット概念の機能について論じている書籍

→磯上・竹橋（2024）は、知能・感情・不安・性格という4つの内容に対するマインドセットを尋ね、確証的因子分析の結果から領域ごとのマインドセットの弁別性を明らかにしている。

自分がこだわりたいことは何ですか？

　自分の研究について、他者からの意見を全然聞き入れない頑なな態度にも困ってしまいますが、逆に他人の意見を聞こうとしすぎて毎回軸がぶれてしまう学生さんも、研究が進まないパターンのひとつです。やりとりのなかにある「『私の研究』という意識がぼやけてしまっていた」という台詞は、過去の指導生が実際に口にしたことがあり、印象に残っている表現です。

　大学院に進学する一部の人を除けば、ほとんどの学生さんにとって研究論文を執筆するという経験は、おそらく人生でそんなにないことだと思います。卒業論文が最初で最後という人も多いでしょう。先行研究の知見や他者からの客観的な意見も思考の材料としてうまく取り入れながら、「これを明らかにしたい」「こんなことを主張したい」といった、自分なりにこだわりたいところはぜひ大切にし、研究を進めてほしいと思います。

■ 3-3節　参考文献
Dweck, C. S. (2006). *Mindset: The New Psychology of Success*. New York: Random House. （ドウェック，C. S. 今西康子（訳）(2016). マインドセット──「やればできる！」の研究── 草思社）
磯上詩織・竹橋洋毅 (2024). 精神健康とコーピングにおける暗黙理論の働き──知能、感情、不安、性格の増大理論に着目して── 応用心理学研究, *49*, 204-212.

さまざまな角度から納得のいく切り口を探そう

🧑 **教員**：さて、今日の面談ではどういったことをめざしましょうか。私は何かお力になれることがありますか？

👧 **ココロさん**：アイデアノートに新しいエピソードも書き加えることができたのですが、ここからどう研究の形に近づけていけるのか…。それに、これらのエピソードの何に惹かれているのかがまだ見えてこなくて、モヤモヤしています。前回もお話をするなかで、一歩進んだ感覚があったので、今日も、次に何をしたらよいかが見えてくるとよいなと思っています。

ココロさんは、先生にアイデアノートを見せました。先生は、それを見てうなずきながら、こう言いました。

🧑：ふーむ。ノートを見させてもらうと、また、前とは違うエピソードがたくさんありますね。

👧：新しく、友達の相談に乗ったときの話を書き加えています。

🧑：エピソードを見ても、ココロさんとさい子さんのこと、また、さい子さんと彼氏さんの話などが出てきますね。友人関係や親密な関係というのも、これまでさまざまに研究されていますよ。

👧：そうなんですね。

🧑：同じ話を何回も、そして、エンドレスに、というところも印象的でした。もう一度話すってことは、話してよかったってことなのかもしれませんね。ただ、ぐるぐると、何度も過去のできごとを思い出しては悩んでしまうことは「反芻思考」とよばれるんですけど、反芻思考が繰り返されると気分がふさぎこんでしまう抑うつ状態につながるなど、ネガティブな影響について報告している研究もあります。反芻思考には、筆記法と言って、書き出したりすると抑うつに効果があるという研究もあります。

👧：反芻思考ですか…。ほかにも切り口はありますか？

第3章　日常から見つける研究のタネ②

：もちろんです。相談ととらえると、カウンセラーとクライアントという
関係にひもづけた「カウンセリング」という大きなテーマにもなります
し、人への支援であるソーシャル・サポートの一側面というとらえ方もで
きるかと思います。先ほどの、ネガティブな心的状態になるというところ
も、一時的な状態という見方もできれば、重い抑うつ状態の人の思考はど
ういったものか、ということに関心を向けていくこともできますね。

：将来的に、苦しんでいる人の役に立つような研究ができればと思ったりも
しますが、今苦しんでいる人を調査対象にできるのか、してよいのかとい
う躊躇もあります。

：そうですね。そうしたことも配慮する必要がありますね。心理学で用い
られる研究方法も、実験、アンケート調査のほか、観察法、フィールドワー
ク、インタビューにもとづくものなど、さまざまにあります。研究に協力
してもらうときに発生する参加者の負担には、時間に関する労力だけでは
ありません。観察をされる、質問をされるということにも、何らかの侵襲
性を伴う場合があります。そうしたことに十分配慮して研究を進めていく
ことも大事です。学部生の卒業論文でも、倫理審査を受ける必要があるも
のもありますよ。

：もしも、参加者の方に協力していただけないときは、あきらめるしかない
のでしょうか…

：たとえば、先ほどの抑うつ状態の人の思考についてなどは、直接に対象者
になってもらうことが難しい場合があります。そうしたときには、「アナ
ログ研究」という発想をもって行います。アナログ研究というのは、直接
にそうした人を対象としなくても、抑うつの傾向にある人とそうではない
人への調査結果をもとにして、心的メカニズムを推測していくというよう
なものです。

：アプローチのしかたや研究方法にも、いろいろあるのですね。

：人の行動や傾向を何らかの数値に置き換えて研究していくものは量的研
究とよばれます。そうしたものもあれば、インタビューにおける人の語り
を研究素材にするといった質的研究というアプローチもあります。どのよ
うな方法をとるにせよ、このデータは何を表しているのかという視点をも

115

たないことには分析・考察していくことはできません。そういった意味では、人の心についてどのような想定をもつのかということも、研究を進めていくうえでは避けて通れないところかもしれませんね。

👤:「心とは何か」という講義や、ほかのいろんな講義や演習を思い出しました。

👤:エピソードを見ていると、さい子さんが辛かった話をするなかで、だんだんと意味が変化していって、自分のなかで過去を咀嚼していっているようにも思いました。人に話し、聞いてもらうことで、整理される部分もあるのですよね。さい子さんが、恋人とのことを語るうちに、意味づけが変化したり、できごとを過去のものとして受け入れたりしていく過程も見えて、それはまた興味深い過程だと思いました。

👤:たしかに、話していくうちに変わっていく感じがありました。

👤:あと、「女の子はコレが好きだよね」というところでは、ステレオタイプの研究を思い浮かべました。ステレオタイプは、認知の簡便化という面もある心的機構です。「女の子はこうだよね」と思うことで、りょうくんは、相手をわかった気になったのかもしれませんが、さい子さんにとっては、自分を見てくれていないと感じたのかもしれません。

👤:ステレオタイプ…おもしろそうですね。

👤:そうですか。武者小路実篤が書いた『友情』という小説をご存じですか？ 主人公が好意を寄せていた相手が、主人公の友達と親密になってしまうと

第3章　日常から見つける研究のタネ②

いう話です。私が高校のとき、国語の先生が「昔、読んだときには、ひどい話だと思ったけど、今、読むとなぜ友達のほうを選んだかがわかる」と話していました。丁寧に読んでいくと、主人公は、自分の頭のなかで膨らませた想像上の相手に恋をしているのに対し、友達はその相手のことについて、「指の綺麗な人だね」と返したりしていて、相手からしたら、どちらを選ぶのかは明らかだと話されていたんです。そのときはそんなものか、と聞いていましたが、ステレオタイプの話なども知っていると、また理解が進みました。

😀：小説なども研究のヒントになるのですね。

👤：ええ。私は、人が関係することはすべて、心理学の対象になるのではと思っています。

😀：ますます、どう研究の形にしていけばよいか迷います…。ただ、方法の制約もありますよね。扱いやすい方法というのはあるのですか？

👤：うーん、大事なのは扱いやすさではなく、そのアプローチが、明らかにしたい現象・メカニズム・対象に即しているかどうかではないかと思いますよ。それに、自分が納得感をもてる方法ということかな。

😀：うーん…なんとなくはわかるのですが…

👤：では、二つほど話をしますね。第一は、鍵をなくした人の寓話です。夜、街灯の下で探しものをしている人に聞くと、鍵を落としたので探していると言います。どこで落としたのかと尋ねると、だいぶ離れている暗闇を指差して、あのあたりで落としたと思うのだけどあそこは暗くて見えないから、明るいここを探しているのだと話したというのです。これは寓話ですが、明らかにしたいことと、方法論的なアプローチや調査対象が合致しているのかというのは、気をつけていく必要があることですね。

😀：目的に合わなければ、意味がないですものね。

👤：そうです。二つ目の話は、どのテーマを選んで進めていっても、難しさや乗り越えなければいけない壁というのは出てくるということです。先ほど、調査の侵襲性の話もしましたが、わざわざ協力してくれる人がいるということをふまえて、探究する価値があるかどうかを考えて、それに応じた適切な方法を選ぶことも大切になりますね。

😊：たしかに、自分も調査に協力するときには、この協力が何かの役に立つならば、という思いをもちますね。研究アプローチをどのように考えるかということと、適切な方法というのは関係しそうですね。

👤：そうですね。近年、心理学で、結果の再現性、頑健な知見の蓄積ということが特に言われ始めています。特に、好ましくない研究実践は QRPs（Questionable Research Practices）とよばれ、そうしたことを行わないように気をつけましょうと言われています。たとえば、データを選択的に報告したり、有意な p 値が出るようにデータを足していったり、都合の悪いデータや手法の詳細について意図的に隠蔽したりということが、やってはいけないこととされています。研究実践の正しさは、心理学全体での知の蓄積といううえでも、大切になってくることなので、研究法の授業などでもしっかり学んでいってくださいね。

😊：はい！　研究には、テーマ選択だけではなく、研究方法、考え方など、総合的な力が必要なのですね。

👤：そうですね。今日、ここまで話してきて、ココロさんが研究テーマにすえていきたいことは見えてきましたか？

　ココロさんは、前回の面談から関心をもっていた「選択」というテーマと、今回出てきた話で心が惹かれたことを組み合わせて考えてみようとしました。

😊：うーん、そうですね。選択ということと、さい子さんのエピソードを組み合わせられないかなと考えていました。「自分の過去の経験が、次のパートナー選択にどう生かされるのか」とかはどうかな、と思っています。

👤：興味深いテーマですね！　また、一歩進んだように思いましたよ。

　ココロさんは、先生と話したことから、感じたことや考えたことなどをアイデアノートに書き込みました。

第 3 章　日常から見つける研究のタネ②

ココロさんの
アイデアノート

- アイデアノートで扱うエピソードは具体的なものだが、それをどのような形で取り出すかについて、さまざまなレイヤーで行えるということを感じた。
- 研究テーマ、研究対象者ということから、あれはできない、これはできないと考えてしまいそうだが、アナログ研究の可能性も含め、あまり早い段階で可能性を閉ざさずに進めていきたいと考えた。文献も見つけたので読んでみよう（杉浦, 2009）。どのようにテーマに切り込んでいっているのか、ということを参考にするうえでも、先行研究は役立つだろう。
- 調査がもつ侵襲性ということは、今後、どのようなテーマ、研究方法を選択するにしても、意識しておくようにしたい。
- 自分の経験だけではなく、ニュースや小説といったことも、研究テーマを考える際の素材になると知った。アイデアノートには、気になったニュースやトレンドも含めて書き留めていこう。
- 「自分の過去の経験が、次のパートナー選択にどう生かされるのか」というテーマで考えていきたい。

■ 3-4 節　参考文献
杉浦義典 (2009). アナログ研究の方法（臨床心理学研究法第 4 巻）　新曜社

> いろんな分野や媒体から広くタネを探っていますか？

　アイデアノートの事象は、さまざまに広げて考えることができます。その際、専門用語（テクニカルターム）を知っていくことで、行動や現象をどのようにとらえることができるのかについても、新たに見えてくることがあります。研究者と話すことで足がかりとなるキーワードを知ることもあるでしょうし、専門書や教科書で用語や概念を知っていくことも助けになると思います。

　人によって、人間の情報処理機構を理解したいというような基礎研究に関心が向く人もいれば、臨床心理学をはじめ、より応用や臨床現場につながることを意識する人もいるでしょう。研究論文を読みながら、どういったことが重視されるのかを見定めていくことも大事になると思います。具体的に研究論文を読んでみると、研究から示唆されることにさらに興味が湧くものもあれば、思っていた感じと違うなと感じるものもあるかもしれません。このあたりについても、自分が納得感をもてることは何であるかを探っていくことが大事になるでしょう。

　ステレオタイプに関するエピソードと他の事例（武者小路実篤『友情』）とを関連づけて考えたように、具体と抽象を行ったり来たりすることを意識すると、より練られた研究になるようにも思います。そこでも触れましたが、自分の経験したことや考えたことをもとにしつつ、フィクションも含めたさまざまなものが研究のタネになることでしょう。

　研究実施に関する侵襲性に注意してしすぎることはありません。研究協力の際の負担も理解し、それでも探究する価値があることは何か、ということを洗練させようとする姿勢が大切になってくると思います。

　昨今、心理学では再現性の問題などもあり、研究実践についても留意が必要です。そうしたことも意識しながら、研究という大きな営みのなかに自分とその研究を位置づけるような気概と知的誠実さ（integrity）をもって、楽しんでいってもらいたいと思っています。

特定領域の専門的知見を活用しよう

　日常のできごとを研究につなげる試みを続け、自分がどんな研究をしたいのかを考えていたココロさん。ある日、大学のベンチで考えていると、偶然通りがかった教員から「研究について考えているの？」と声を掛けられ、「よかったら話を聞くよ」ということだったので、話を聞いてもらうことにしました。

教員：それで、どんなことを考えていたんですか？

ココロさん：あ、またアイデアノートも書いたんですけど、見てもらってもいいですか。ノートだけだとわかりにくいと思うので、どんなできごとがあったか、お伝えしてもいいですか。

　ココロさんはどんなことがあったのかを簡単に伝えました。

：恋愛のことだったんですね。さっきはベンチで何を考えていたんでしょうか？

：はい。最初、友人は、別れた相手のことを理解できないって話していたのに、最後は相手の変化に気づけなかった自分についての話をしていて、どうして話す内容が変わったんだろうって思っていたんです。

：なるほど。

：突拍子もなく口にした感じではないし、同じできごとを無理やり違うように考えようとしていたふうにも見えなくて…

：うんうん、無理に考えを変えようとして話す内容を変えたようには見えなかったんですね。

：はい。

：ココロさんは、前回、私と研究の相談をしたときのことを覚えていますか？

：はい。だいたいは。

🧑: そのとき、ココロさんに「ココロさんの焦りってどんなことなんだろう」と尋ねましたね。

👧: はい、それで、いろいろと思い返して、迷惑をかけることを気にしているのかなとか、自分を気にしているのかなってなりました。

🧑: そうですね。焦った状況は変わらないのに、どんな焦りかと聞かれると、いろんな解釈を話してくれましたね。

👧: ああっ！ それが友人にも起こっていたということですか？

🧑: そうですね。お友達は、恋人と別れることになって「ショック」と感じたと思うんです。そして、そのショックを何度も話しているうちに、当初は「ショック」としか言い表せなかったけれども、その「ショック」に含まれることを少しずつ表すことができるようになってきたと考えることもできます。

👧: まさか、私に起こっていたことが友達にも起こっていたとは想像しませんでした。でも、そういわれると、そうなのかもしれません。

🧑: 本当にお友達も同じかどうかはわかりませんけど、同じと想定すると、それを研究につなげるアイデアは思いつきますね。

👧: えー、本当ですか？

🧑: この発想は、私の専門とする臨床心理学、もっと細かく言うと「フォーカシング」とか「体験過程理論」をもとにするのですが…

👧: あ、先生からその言葉は聞いたことはあります。でも、すいません。まだ調べられていなくて…

🧑: いやいや、覚えているだけでも十分ですよ。ちょっとマニアックな領域のことなので、学部の授業ではあまり説明はしていないんですよ。

第 3 章　日常から見つける研究のタネ②

😀：そうなんですか。でも、どんな研究になるのか興味があります。

🧑：それはうれしいですね。人が感じたことをいったん言葉で表したとしても、その言葉に込められている微妙な意味はたくさんあったり複雑だったりするんですよ。以前、ココロさんが「焦り」と表したなかには、迷惑をかけることを気にするということは、ど真ん中ではないにしても、少なからず含まれていましたね。だから、焦りをふり返ったとき、迷惑をかけるのを気にすることともいえると思えたわけです。

😀：たしかに、焦っている自分を思い返すと、迷惑をかけることを気にしていることが思い浮かんだので、そう言いました。でも、なんとなくしっくりこなかったんです。

🧑：そうでしたよね。それで、しっくりこないなと思って、ほかにどんなふうに表せるかを探求すると、迷惑をかけるのを気にするというよりは、相手に嫌な思いをさせる自分であるかどうかを気にしているとも言えたわけですね。

😀：はい。なんだか不思議でしたけど、そうでした。友人の変化も似ているかもしれません。…でも、それがどう研究に結びつくんですか？

🧑：実は、これは心理療法に関する研究とつながるんです。心理療法が成功する要因に関する研究で、面接の話題ではなく、面接でどんなふうに語っているかに注目したものがあるんです。自分に関係しない事実、たとえば、「平安京は 794 年に遷都されました」ということを語る段階や、自分は関与しているけどあまり感情が表現されず、「明日は雨です」と語る段階。そして、そうしたことに簡単な感情を含めて「明日は雨だから嫌です」と語る段階。感じたことをより表そうとしたり探索的に話す、「雨が嫌なのは、傘が邪魔だと感じているからかな、いや、傘が邪魔というよりは、両手が自由にならないことが本当にもどかしく感じる」というような段階。さらに、そうした新たに感じていることの表現が気づきにつながっていく、「私は不自由さを感じるともどかしく感じるのかもしれません。この間の職場での人間関係でもそうでした…」というような段階に語りを分類して分析した研究があるんです。

😀：何だか難しいですけど、最後のほうは、私が焦りをどう表せるか試してい

123

たときに似てるように思います。

🧑: そうなんです。その研究の結果、心理療法が成功した事例では、最初のほうの段階の語りより、後のほうの段階の語りがなされていたということが明らかになっているのです。当然かもしれませんが、過去のことや家族についてといった話されるテーマではなく、どんなふうに語っているかが関与していることがわかったんです。

👧: 段階に分けたことでわかることがあったんですね。

🧑: そうですね。そう考えると、今回のお友達は、当初の「理解不能」という表現から、話すうちに「理解できていなかった自分」という表現に変わっていって、今ではうまく切り替わっているのかもしれません。別れたことに関して、「相手が理解不能」と感じているときには、相手に対していらだちや信じられないという思いが喚起されやすいですが、「自分が理解できていなかったのかも」と考えると、どうしたら理解できたかな、今度は理解したいなという思いになるかもしれません。「相手が理解不能」ということは、「自分が理解できていなかった」ということのなかに含まれていて、そこは変わりありませんが、状況理解が変わることによって受け止め方が変わってくることもあるんです。

👧: なるほど…。最初はショックで「もう！なんでこんなことに!?」って感じで、相手のことを「理解不能！」と何度も言っていたんです。そのときはたしかに変えようがない様子で、私も何度も同じ話を聞かされていました。でも、こないだの様子は、もう「理解不能！」ってことを繰り返さなくてもいいような、そんな感じでしたね。

🧑: 人の建設的変化に、先ほど挙げた段階が関わっていることを、友人のエピソードから垣間見たという感じでしょうか。心理療法の研究知見は、このようなエピソードの説明に使えそうですね。研究としてどうするかですけど…

👧: あ、そうだった。研究としてはどうしたらいいかなぁ。語りには段階があって、段階が進むほど変化しやすくなって落ち着いてくる…

🧑: この場合、恋愛という限定をいったん外したほうが考えやすいかもしれません。心理療法の知見を援用すると、過去の想起を事実関係だけでする場

第3章　日常から見つける研究のタネ②

合と、そのときに感じていたことも含めて想起してもらう場合では、後者のほうが気持ちが消化されやすくて過ごしやすくなると想定できますね。

🐱：なるほど、そういう仮説…、仮説でいいですよね。それを考えると、何を検討するのかが見えてきそうな…でも、まだ難しいような…

🧑：ははは、まだ難しいかもしれませんが、研究の形になるように考えてみましょうか。こういう考え方を習慣にするといいかもしれませんね。

🐱：はい。今回は、過去の想起のしかたと過ごしやすさですね。

🧑：日常的に過去を想起するということは、ありますか？

🐱：…あ、私は今日みたいに考え込むことがあります。それから、アイデアノートや手帳に日記のように書き溜めるということをしています。

🧑：日記は使えそうですね。たとえば、できごとのみを日記のようなワークシートに記入する群と、感じたことも含めて記入する群を設定してみるとか。

🐱：そうすると、比較ができますね。過ごしやすさのほうは、記入をする前と後の気分の爽快さの違いみたいなものでいいでしょうか。

🧑：大事なポイントなので慎重に考えるべきですが、尺度があるなら気分の爽快さでもいいかもしれません。ただ、ある日のワークシート記入の前後ではなく、1か月間など一定期間、ワークシートを記入し続けてもらって、その期間の前後に実施したほうがいいですね。

🐱：1日ではダメなんですか。

🧑：先の研究を見てみると、1回の面接で心理療法が成功するわけではありません。これに準じれば、1回の記入で何かが華々しく変わるとは考えにくいので、一定期間繰り返してもらうほうがいいと思います。

🐱：なるほど。現実的に効果が現れるための期間や頻度なども考えたほうがいいですね。

🧑：そうなんです。ひとつのアイデアを思いつくと、それをやろうと突っ走りがちですが、落ち着いて、もっと細かに考えます。たとえば、さっきの2群を設定する方法には十分でないこともありますが、何か思いつきますか。

🐱：群間の比較は実験の授業でもやりました…。そのときは…あっ、たしか、統制群？ということがあったように思うのですが…

125

🧑: そうですね。今回のアイデアでは、ワークシートによる差だけを確認したいので、それ以外の影響を統制したいですね。

🧒: 条件が統制できるように工夫する必要もありそうですね。

🧑: そうですね。条件を統制することはもちろん、ワークシートが適切に実施されているかをどうやって確認するかなど、考えるべきことはたくさんあります。もし本格的に進めるなら、指導教員と相談しつつ慎重に詰めていくことになります。また、倫理の問題もしっかりと考えないとね。

🧒: いやぁ、前回は調査や質的研究の可能性もありましたけど、今回は実験の可能性もあるということで、本当に何を知ろうとするのかをよく考えて、必要な方法を選択する必要があるんですね。今回は、先生の専門のことも新たに知れましたし、それもまた調べておきたいと思います。

**ココロさんの
アイデアノート**

- 心理療法の理論で、人の変化がどのように起こるのかを説明していることもあるので、その説明を参考に研究につなげられることもある。
- 語り方によって、考え方や感じ方が変容する可能性がある。

⇒調べてみると、先生が話していた語りの段階は池見（2016）の文献に記載されていた EXP スケールという評定方法だった。もう少し調べてみよう。

- 実験は実施方法を思いついても、それで測定できるのか、その測定のしかたで適切に測定できるのか、条件は統制されているのか、必要な倫理的な配慮は具体的にどんなことか、なども含めて考える必要がある。

倫理的な側面にも配慮しましょう

　心理療法を参考に研究を考えると、特定の疾患や困難を抱えた対象者にアプローチするということになりがちで、治療の効果測定のような研究を発想する学生さんも多いと思います。ただ、卒業研究の場合、そうした特定の困難を抱えた対象者にアプローチするというのは、そうした方々に協力依頼できるフィールドをその学生がもっているのかという問題があるうえに、研究を実施した場合に対象者に起こる副作用や不利益に対して学生が対応することも困難であり、現実的ではありません。そのため、対象としては広く一般の人を想定し、変化や適応的なあり方に有用なことは何かを考え、できる限り安全に進められるようにするということが重要です。

　今回は実験を想定し倫理的配慮を十分に考える必要があることにも触れましたが、調査においても、ある種の精神病理等を含む内容がある場合、実施することの副作用や不利益を慎重に考える必要があります。調査内容は、指導教員に必ず確認してもらう必要があるでしょう。

　また、抑うつや不安等の質問紙は、論文に載っているものでも、販売されているものがあります。その場合は、調査や実験で使用する分を購入する必要があります。かつ、論文に載っている質問紙で販売されていないものでも、著者に使用の許可を得る必要があるものもあり、その場合は論文中に記載されています。質問紙を使用する場合は、上記の点も確認しましょう。

■ 3-5 節　参考文献
池見陽（編）(2016). 傾聴・心理臨床学アップデートとフォーカシング——感じる・話す・聴くの基本——　ナカニシヤ出版

たかが実験、されど実験

増田 尚史

筆者の失敗談 指導生の卒論への取り組み事例を紹介したいと思いますが、その前に筆者自身の学生時代の失敗談を吐露します。グループによる実習の授業で、電撃を用いたオペラント条件づけをラットに対して数日にわたって行っていたのですが、ある日、ある個体を実験装置に入れると、明らかにビクビクした様子で条件づけた行動をまったくしません。原因がわからず、いろいろと探っていくと、前日に筆者が間違えて非常に高い電圧の電撃を与えてしまっていたことが判明しました。それまでの条件づけの操作が台無しになり、このラットはもちろん、実習グループの仲間にも迷惑をかけてしまいました。

ほとんどの大学では、卒論のための実験(卒論実験)の参加者は学内で募集していると思いますが、残念ながら興味を抱いて参加してくれる学生は多くなく、数少ない参加学生たちは実験室に入る前から何をされるのかとドキドキしています。このような参加者に対する実験を通じて、心理学は人間の行動に関する真理に本当に近づけるのでしょうか？ この疑問については、「生態学的妥当性」の有無の問題の一部として議論されてきました。先述の失敗をしでかした筆者が大学教員となった今、卒論実験の指導上、最も心を砕いている点は、設定した実験の枠組みのなかにドキドキしている実験参加者を没入させる状況、言い換えると現実感(リアリティ)のある状況をいかに作るかについてです。そして幸いにも、それに向けて実におもしろい工夫を施す学生がいます。

Aさんの卒論実験 東日本大震災が起こってからまだ日の浅い頃だったと思いますが、Aさんは正常性バイアスが津波からの避難行動に及ぼす影響を検討したいということでした。筆者の勤める大学ではラットなどの動物を使用した実験が認められていませんので、震災のトラウマに配慮しつつも人間を対象とした実験を考えざるをえませんでした。しかしながら、当然に生身の人間に避難行動を起こさせるような状況を実験で作るのは難しいわけです。それならばとAさんは、水槽のなかに水辺から高台まであるジオラマを作り、実験参加者に見立てた人形が津波に襲われたり、間一髪助かったりする状況を撮影した動画を作成しました(ちなみに、水槽も人形も100円ショップで調達し、津波のシーンはバケツで水槽に水を入れたそうです)。そして、最も高い所まで避難しなくても津波に襲われなかった経験を通じて正常性バイアスを形成させ

たうえで、避難するか否か、避難するとしたらどこに避難するかの参加者による判断によって、参加者のアバターである人形がどのような状況になるのかを示す先の動画を提示しました。

Bさんの卒論実験　Bさんは、たいしたことではないと自分では思っている行動に対して感謝されたという経験が、相手に対する互恵的行動を発現させるかについて検討したいということでした。場面想定法を用いた実験では現実感が乏しいので、先行研究を調べたところ、サクラがわざと落とした鉛筆を実験参加者に拾わせ、そのことに感謝するという実験状況を設定したものがあるとのことでした。しかしながら、この手続きでは感謝の有無を実験参加者間要因とせざるをえず、さらには、もし落ちた鉛筆を実験参加者が拾わなかったらどうするかという問題もありました。そこでBさんが思いついたのは、実験参加者に課せられた作業を手伝ってくれる協力者をサクラのなかから2名選んだ際に、1名は選んでくれたことに感謝し、もう1名は感謝しないという条件を設けることでした。互恵的行動の程度については、実験参加者を含めた3名の作業結果に対する報酬をどのように協力者に分配するかによって測定することにしました。また、協力者はもう一方が感謝を表明したかどうかがわからない状況に置かれているということを実験参加者に確信させるために、Zoom のブレイクアウトルーム機能を使って協力者同士は互いの様子がわからない状況を作り、さらにその不自然さをなくすために、実験参加者は大企業であり、協力者は下請け企業であるというシナリオを考えました。このように、筆者のようなアナログ・ネイティブな者には思い至らない新たな道具による実験場面を考案する学生がいることはうれしい限りです。最近では、著作権や肖像権の問題を回避するために、生成 AI が作り出した顔画像を利用した実験を行う学生もいます。

仮説どおりの結果にならなくても　それでこれらの卒論実験の結果はどうだったかって？　正直に言うと、必ずしも予想どおりの結果とはなりませんでした。しかし、そのことはどうでもよく、成績評価の対象ともしません。重要なことは、研究仮説どおりの結果とならなかったとしても、「ああしておけば予想どおりになったかも」という後悔を生むことなく、仮説が間違っていたのだと得心がいく隙のない方法による実験を行うことです。このためには参加者がどのような思いで実験課題に取り組んでいるかを慮る必要があります。心理学ですから、せめて実験参加者の心ぐらいは（ビクビクしているラットの心も！）把握できるようになりたいものです。

●第4章●

教員や研究指導を
うまく利用しよう
～研究を始めるときの心構え～

2章と3章では、ココロさんと先生との対話を
通して、主に自分の研究テーマを決めるにあ
たって、どんなふうに考えていけばいいかとい
うことを、追体験していただきました。ここで
は、対話のなかで示された大事なことを改めて
整理して示しました。しっかり理解して、研究
を始めていきましょう。

・研究を始める前に再確認しよう
・教員とどう関わればよいのか
・研究を始めるときのポイント
・「私は○○心理学に興味があります」という表現をめぐって
・再びアイデアノートについて

研究を始める前に再確認しよう

大学での研究指導

　2章、3章で紹介した、ココロさんと教員のやりとりはどうだったでしょうか。いろいろなココロさんと教員が登場するパラレルワールドとして展開したので、少し読みにくかったかもしれません。しかし、たとえ同じ経験をしても、そのとらえ方はさまざまですし、研究に結びつけていく教員の指導のしかた（質問や提示する情報の内容や示し方）も多様にあることをお伝えしたかったので、あえてこのような構成にしています。

　さて、あなたはこれらを読んでどういう感想をもち、どのようなことを考え、これからの参考にしようと思ったでしょうか？

　もしかすると、「研究の指導ってこんなふうなんだ」と少し驚かれたかもしれません。中学や高校での、わからないところを先生に尋ねにいったときのやりとりとはまったく違うと思います。

　「研究」をするのがはじめてならば、その「研究」について指導を受けるのもはじめての経験でしょう。そのため、多少の驚きがあるのも当然です。ゼミに所属すると、やってみたい研究について発表する機会が増えます。そのような機会ははじめてで、どうすればよいか、何を話せばよいのかとまどってしまう学生も珍しくありません。

　こういった驚きやとまどいは、研究の経験がないために「今何をしているのか」「何をすべきか」をつかみきれていないことから生じている場合も多いと思います。そこで、もう一度本書の位置づけについて説明しますので、「何をしているのか」「何をすべきか」を確認してください。

研究を始める段階ですべきこと

　まず私たちは、**心理学や研究法の知識を学ぶということと、自分で研究をすることとの間に溝がある**と見ています。その溝を越えていくときに、どうすればいいのかという不安や悩みが生じてしまいます。そこで本書は、そんなときに参考にできるものになるよう意図しました。

　1章では、「研究とはどういうものか」について簡単に説明しました。心理学

第4章　教員や研究指導をうまく利用しよう

の研究は、まだ心理的要因で説明されていない行動に適切な説明を与えようとする行為です。研究は、説明されていない行動を定めるところから始まり、適切に説明できるアイデアを考え、そのアイデアの正誤を判断、評価します。2章、3章で取り上げた場面は、この研究の流れのなかでいうと、**研究すべき説明されていない対象を定める**ところを中心に、**適切に説明できるアイデアを考える**ところにも少し入っているという段階にあたるでしょう。

　2章、3章のいずれのココロさんも、まさにその段階にいて、悩みやとまどいを抱えつつ、何とかしようと試行錯誤をしています。ココロさんには悪いですが、決して優秀で理想的な学生という設定ではありません。著者たちの経験もふまえて、実際にいそうな学生、その学生がやりそう、考えそう、言いそうなことをイメージしていますので、自分に似たココロさんを見つけられたかもしれません。

　この段階で、「何をするのか、しなければならないのか」というポイントを簡単にまとめると以下の三つになるでしょう。ココロさん自身がどの程度はっきりと認識していたかはわかりませんが、教員は強く意識して指導にあたっています。読者のみなさんも、もう一度しっかりと確認しておいてください。

> ①活動の目標は、研究の対象となる事象（行動）を定めること。それを適切に説明できるアイデアを考えること
> ②研究の対象となる事象は、研究する者が自分で定めること（今回の場合は、研究対象を極めて自由に決定できる状況で、ココロさん自身の経験をもとに考えを進めています）
> ③「心理学」の「研究」として成立させるために、従前の知見や研究方法と関連させること

教員とどう関わればよいのか

教員の視点で読んでみよう

　読者のみなさんの多くは、2章と3章を、おそらくココロさんの視点で読ま

れたのではないでしょうか。ココロさんが何を考え、口にし、教員からどういう言葉を得て、さらにその後どうするだろうかと想像しながら読まれたのではないかと思います。

　もちろんこれは適切な読み方で、著者としてもそのように読んでほしいと思っています。しかし、他の読み方もぜひ行っていただきたいのです。それは、ココロさんに対応している**教員の視点で読んでみてほしい**ということです。

　各節の最後に「著者からひとこと」という短い部分があります。その見出しのとおり、私たち著者が、ココロさんと教員の対話部分を通して、読者のみなさんに伝えたいことを簡潔にまとめた部分です。この部分を読み、もう一度ココロさんと教員の対話部分を読み直すということも試してみてください。また、先に挙げた三つのポイントも意識してみてください。そうすれば「そういう意図で、あのようなやりとりをしているんだ…」などと、新たな気づきがあると思います。

学生と教員はどこが違うか

　教員は、いわば研究についてのプロです。しかし、研究は新しいことを探究します。たとえ学生の研究とはいえ、これまでに明らかにされていない新しいことを追究しているのですから、いくらプロでも、どのような結果となるのかはわかりません。

　では、答えがわからないなかで教員は何を考え指導に反映させているかというと、**学生がやりたいことをどうやって研究という枠組み、すなわち研究者の間で共有されているパラダイムにのせていくか**ということを考えます。教員のもつ研究経験とは、換言すれば、自分のやりたいことを研究という枠組みにのせてきた経験です。そのため、「それを研究するとすれば…」という、いわば研究の先読みができます。ここが学生と大きく異なるところです。

　それぞれの教員は、ココロさんと経験を共有しココロさんと一緒に考えているのですが、そのときの先読みの程度がココロさんとはだいぶ違っているのです。そして、それが指導に反映されます。

134

第 4 章　教員や研究指導をうまく利用しよう

教員にもそれぞれ個性がある

　加えて指導には、現象や心に対する見方、研究へのつなげ方における教員そ
れぞれの個性も反映されます。多くの教員がいるということは、より研究に適
した環境といえますが、そのメリットは、**現象や心に対する見方、研究へのつ
なげ方について多様な観点から指導を受けられる**という点にあります。その多
様性の一端は、２章と３章のさまざまな対話からみて取れると思います。質問
を中心とする指導、情報提供を多くする指導、例を多く挙げる指導などさまざ
まです。また、ある教員に指摘されたことを、別の教員は指摘しないというこ
とはよくあります。ある教員にとても評価された点が、別の教員からはスルー
されるということもあります。

　何を研究するか、それにどのようにアプローチするか、その可能性は多様に
あります。指導を通して、その多様性に直面できることは、多くを参考にして
自分が納得できる方向を決められるのですからとても得難い経験になると思い
ます。つまり、多様な指導から、p.133 に示したまとめ①や③のための情報が
豊富に手に入るというわけです。

決めることが教員の仕事ではない

　次に、対話のなかで教員から「こうしなさい」「こうするのが正しい」といっ
た言葉は出てきていないことにも注意しておいてほしいと思います。先にも述
べたように、何を研究するか、それにどのようにアプローチするか、その可能
性は多様にあります。それゆえ、「こうしなさい」などという指導はできないの
です（研究が進んで、たとえば統計を使った分析を行うような手順が決まって
いる場合の相談となれば別ですが）。

　ところがまれに、そういう明確な指示がないことに不満を漏らす学生、不安
を感じる学生もいます。「何をすればよいか、もう少し具体的に指導してほし
い」とか、それを「指導がおざなり」と評価する声も届いてきたりしますが、そ
れはできない相談なのです。

　決して指導をおざなりにしているわけではありません。たとえば 3-1 節の
ココロさんは、もしかすると心からそういう指示を欲していたかもしれません。
「それでやっていけばいいよ」というひと言さえあれば、ココロさんは安心して

研究を進められるかもしれません。しかし、その教員はそういう言葉を口にしていませんし、実際にそのような学生がいたとしたら、似たような対応をする教員も多いのではないでしょうか。

それは、**学生自身が自分の研究を自分の力で進められるように支援するのが教員の仕事**であり、テーマを決めてあげる、方向性を定めてあげることではないからです。学生の様子を見ながら、具体的な指示を出さないということを研究に向けた指導として行っている場合もあるのです。

アドバイスの受け取り方

このように、教員による研究指導が、「こうしなさい」といった指示であることはめったにありません（絶対にないとはいえませんが…）。しかし、たとえば 2-5 節や 3-5 節の教員のように、「こういうアプローチもある」という案の提示がなされる場合は多くあります。この場合の教員は、p.133 のまとめ③にある、心理学の研究になるように、学生のやりたいことと、先行研究や研究方法とを結びつけることを意識しています。それらの**結びつけ方を理解してほしい**と思って例をあげているのです。

そのため、こういう提示があったときは、その受け取り方に注意してください。本書のココロさんにはみられませんが、まれにこれを、教員からの、従わなければならない「指示」だととらえてしまうケースが生じます。このようにとらえてしまうと、それが自分で納得できない案だったりすると、どうしたらよいか身動きが取れなくなってしまうかもしれません。また複数の案が示されたとき、それを自分に示された選択肢ととらえてしまう場合もあります。教員が示す案は、「たとえば」という例であり、そのなかから選ぶべきとか、選んでほしいと思って提示しているわけではありません。

研究を行うのは、他の誰でもなくあなた自身です。p.133 のまとめ②をしっかりと意識してください。教員はあくまでもアドバイスをする、情報を提供する脇役に過ぎません。しかし、そういうさまざまなアドバイスや情報をもらえることに価値があるのです。多くの教員という貴重な情報源を活用するためには、**多様なアドバイスや情報を得て、それを自分で取捨選択する**ことが不可欠です。「あの先生と、この先生は違うことを言っていて…どうしよう…」など

第4章 教員や研究指導をうまく利用しよう

と悩む必要はありません。両方の意見を参考に、あなたが決めればよいのです。**研究をするのは自分であること、教員にはさまざまな考えの人がいることを**しっかり意識して、教員という資源を十分に活用してください。

研究を始めるときのポイント

研究を始める段階はマニュアル化できない

　本書が特に焦点を当てている、研究の対象となる事象を定めたり、適切な説明のアイデアを検討したりする段階を過ぎると、実は、研究を進めるのが少し楽になります。なぜなら、採用した研究方法ごとに、その手順は概ね決まっていて、それに従って進めればよいからです。自分で考え、決めなければならない部分が少なくなります。それに対して、研究の対象となる事象を定めたり、適切な説明のアイデアを検討する段階は、特に手順が定まっているわけではなく、とても自由度が高いのです。

　そのため指導は、2章と3章のように、学生によって、また内容によってケースバイケースという感じになってしまいます。ここを、読者の誰にでもおすすめできるマニュアルや How to にするのはとても難しいのです。そこで本書は、それに対するひとつの提案として、いろいろなケースを提示するという方法を用いました。「きっと何かうまいやり方があるはず」「楽な道、近道があるはず」というのは幻想なので、「この段階の進み方はいろいろあるんだ、人それぞれなんだ」「こう進めればよいという How to はないんだ」と認識してもらえるとよいです。

研究を写真撮影にたとえると

　このようにマニュアル化、How to 化は本書ではできませんが、ケースバイケースとはいえ、研究を進めるというひとつの目標に向けてココロさんも教員も活動しています。そこに共通するもの、通底するものがないわけではありません。ここでは、被写体とカメラにたとえてその点を示してみたいと思います。先の三つのポイントをクリアしていくために、誰もが、いつも気にしておくべき要点のようなものです。

137

小学校などで経験があるかもしれませんが、学外での写生大会のような状況を想像してください。写生するのではなく、カメラで写真に収めるのですから、撮影大会といったほうがよいかもしれません。目的は、よい写真を撮るということです。

　このたとえで言うと、2章、3章のマンガ部分が、撮影のために出かけた場所です。そこにあるものから、自分が撮りたいものに自由にフォーカスすればよいという状況です。何を撮ろうかといろいろなものにレンズを向けて、どうだろうと想像してみる。これが、研究の対象となる事象について考えているときだといえます。

　そして、何を撮るか決まったら、それを画面に収めてシャッターを押すのですが、実際の撮影はそんなに単純ではないと思います。どこから撮るのがいいのかと被写体の周りをめぐりながらベストな角度を探したり、写したいものを画面に収めるためにズーム機能を使ったりするでしょう（**図4-1**）。こういう作業も研究対象となる事象について考えるときに必要な作業なのです。

　こうたとえれば、2章、3章のすべてのケースで教員は、たとえひとつの場所でも、レンズを向ける先はたくさんある、写す角度は多様にある、接写もできるしパノラマ的にもできると、あるときは具体的な例を示しながら、ココロさんを、いわば揺さぶっているように感じられないでしょうか。

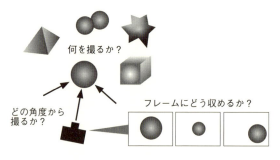

図4-1　撮影するときに考えること

　何であれ、写真を撮るだけなら単にシャッターを押せばすむのですが、それではよい写真にはならないでしょう。よい写真を撮るために、撮影者はいろい

ろと試行錯誤します。研究の場合も同じで、**研究対象をどのように研究という
フレームのなかに収めるかという試行錯誤**が不可欠なのです。研究初心者は、
レンズを向ける先に気づかない（気づけない）こともありますし、ある被写体
を撮ると決めたら、角度やズームの程度などには意識が向かないこともありま
す。これではよい写真は撮れません。研究も同じです。だから教員は、質問を
したり、提案をしたりしながら、いっそうの試行錯誤をうながすように揺さぶ
るのです。

　そして、揺さぶるときに、教員は先行研究や心理学の領域名を使っているこ
とにも気づけるでしょう。何を被写体として選ぶか、どの角度から撮るか、ど
の程度までをフレームに収めるかなどについて考える材料として、先人の試み
である先行研究や、対象をとらえる視点である領域名を使って、とらえ方はい
ろいろあるという理解をうながそうとしています。

　研究の対象となる事象（行動）を定めるということは、何でもよいから腹を
くくるとか、自分の強い想いに従って決心するというようなことではありませ
ん。**さまざまな可能性を考慮し、そのなかから研究者にとって最善のものを
選択する**ことです（2-4 節の指導内容にあるように、誰にとっても普遍的に最
善というものではありません）。そのため、まずはさまざまな可能性をリスト
アップしなければ始まりません。対象を探すだけでなく、**どういう角度からア
プローチするか、どの程度までを範疇に含めるか**という点も考慮して、多くの
可能性を手にしようとすることが要点のひとつです。

心理学概念のフィルターを通して見る

　最近のカメラ（スマホ）やアプリには、撮った素材に各種のフィルター加工
をする機能があります。被写体とカメラというたとえを使った理由のひとつに、
このフィルター機能との類似性があります。

　2 章と 3 章の教員の発言のうち、たとえば 2-3 節や 2-5 節などに、しばしば
「心理学的な概念」とか「定義」などという言葉が出てきています。しかし、コ
コロさんの自発的な発言には、ほとんど出てきません（教員がうながしている
場面はありますが）。同じできごとを共有して研究の話をしているのに、この
ような明らかな違いがあります。なぜ違いが生じるのでしょうか。

2-5節のココロさんが口にしたように、これは、教員と学生の心理学に関する知識の差によるとも言えるでしょうが、何度か述べてきましたように、知識を得ることと研究の間には溝があることにもよるのです。つまり、教員と学生の間には、知識の差以外にも違いがあると考えられます。それは、対象を見るときのフィルター、いわば「心理学概念への変換フィルター」とよべるようなものの活用でしょう。

　教員は関心を向けた対象を研究的に把握する際、「心理学概念への変換フィルター」を使います。**ある現象を見たとき、「これは、心理学概念でいうと○○だ」と判断する**のが「心理学概念への変換フィルター」の役割です。こういう判断をするには概念の「定義」が必要であり、それに照らし合わせて「これは、心理学概念でいう○○だ」と認識しています。

　他方、このフィルターがないと、ふだんからの認識のまま対象を把握することになります。たとえば、ある学生のとてもやる気に満ちた様子を見たとき、「心理学概念への変換フィルター」がなければ、そのまま「やる気がある」と認識するでしょう。しかし動機づけに関するさまざまな知識があれば、フィルターを通して、「外発的に強く動機づけられているけれど、内発的ではなさそうだ」などというように認識できるということです。

　そして、自分の「心理学概念への変換フィルター」を意識できれば、「この現象を説明できる心理学概念を私は知らない」ということにも気づくことができます。誰かが提唱しているのにそれを知らないだけなのか、それともまだ誰も心理学的に説明していないのかを調べる必要がありますが、**こういう気づきは新しい研究、新しい概念の提案につながっていくのです。**

　ココロさんと教員が、同じできごとを共有して研究の話をしているのに違いが出てくるのは、知識量の違いだけでなく、できごとに「心理学概念への変換フィルター」をかけて見ているかどうかによるといえるでしょう。フィルターの利用は、一面では先入観、思い込みのリスクを含むのですが、心理学の研究を行うためには、どうしてもそれを通して現象を把握しなければなりません。そうしないと、p.133のまとめ③のポイントをクリアする「心理学の研究」にならないのです。２章と３章のすべてで、教員はこのことを強く意識しながら指導しています（フィルターという言葉は使われていませんが）。

140

第4章 教員や研究指導をうまく利用しよう

「心理学的に見る」とか、「心理学の知見を活用する」などと表現されることは、自分に「心理学概念への変換フィルター」機能をインストールし、利用できるようになることともいえます。心理学の研究は、見えたままの現象に対する、いわゆる「素朴な疑問」から生じるのではなく、**現象を「心理学概念への変換フィルター」を通して見たところから生じる疑問（心理学的な疑問）からスタートする**のです。心理学教育のカリキュラムにおいて、なぜ心理学に関する知識を得ることがひとつの柱となっているのかという理由はここにあります。研究を始めようとするとき、学んできた心理学の知見をこのフィルターに反映させ、それを通して対象を見るということが、もうひとつの要点といえます。

「私は○○心理学に興味があります」という表現をめぐって

心理学では、たとえば「臨床心理学」とか「パーソナリティ心理学」などといった領域名がしばしば使われます。2章と3章でも教員の発言のなかに何度か登場しています。授業科目の名称に使われたり、心理学の学会組織も領域別になっている場合がほとんどです。**心理学という大きな世界を分類する便利な用語**といえます。

これは、たとえば教員が「私は臨床心理学を専門にしていて…」などと自己紹介する場合にも使われます。専門領域名を口にすることで、どういう領域の知識や経験が豊富なのか、研究を重ねてきたのかということを簡単に相手に伝えることができるのです。ただし、「臨床心理学や発達心理学が専門で…」と複数をあげる教員も少なくありません。これは、その教員の興味関心の幅が広いというより、各領域が相当密に関連しており、重なる部分が大きいことを示しています。

メリットとデメリット

一方、本書が対象とするような学生も、この領域名を口にすることがあります。しかし、その言葉が意味するものは、教員の使い方とはまったく異なるでしょう。たとえば、「私は臨床心理学に興味があって…」などとという場合、それは「臨床心理学の授業は、他の授業に比べておもしろく感じた」などという

141

科目間の比較を意味している場合が多いように思います。

　そのため、本書が対象としているような学生のみなさんが「自分の関心は○○領域にある」などと口にすることには、二つほど注意してほしいところがあります。

　ひとつは、**その言葉が後の学習を縛ってしまうことがある点**です。他の領域のことはほとんど知らないのに、「臨床心理学に興味がある」と口にしてしまったがために、それ以後は臨床心理学関係のものばかり読んでしまうというようなことです。こういう行動は自己成就予言などと心理学的に説明できますが、学部生に期待される学習の進め方を促進するとは言い難いので、偏りすぎの学習に陥らないように注意してください。

　もうひとつは、研究との関連です。研究は、何かを明らかにしたいという気持ちがないと進みません。つまり、疑問からスタートするのです。**教員が口にする「関心がある」「興味がある」とは、その領域で研究を重ねてきたということであり、すなわちその領域に関する疑問が次から次へと浮かんでくることを意味します。**

　では「臨床心理学の授業は、他の授業に比べておもしろく感じた」ことを、「私は臨床心理学に興味がある」と表現してよいか考えてみてください。日本語としては間違った使い方ではないでしょう。しかし、これから研究していこうという場面では、おもしろいと思っても、疑問が浮かんでこないならば、それを「関心がある」「興味がある」領域と表現しないほうがよいかもしれません。この言葉の意味を取り違えると、**興味があるはずの領域を選んだのに、追究する疑問が浮かばず、研究が進まない**ということになりかねません。

　他方で、それを口にすることのメリットもあります。それは、**現象に対する見方が明確になる**という点です。2章と3章の多くの対話のなかで使われていますが、各領域には心に対する特有の見方があります。それをある程度正しく知っていることが前提になりますが、「私は臨床心理学に興味がある」というのは、臨床、すなわちカウンセリングなどの各種支援の現場で起きている心的事象に自分の目が向きがちであるということを意味します。「私は発達心理学に興味がある」というのは、心的・行動的特徴を時系列に沿った変化の観点から見がちであることを意味します。

自分の関心に領域名をあてることは、自分が、どういう現象を、どういう視点から見ているのかをはっきりさせることになり、研究を進めて行くうえでも役に立ちます。

関心領域を決めつけない

このように、自分の関心に特定の領域名をあてることにはメリット・デメリットがあるのですが、はじめて研究をしようとする場合や、心理学の知識や経験が少ない学部生の間は、積極的に自分の関心領域を自己定義しなくともよいのではないかと思います。

たとえば、「中学生の英語の学習行動に関心がある」ならば、それをそのまま表現すればよいと思います。「あなたは何に興味、関心があるのですか？」と問われたら、「中学生の英語の学習行動です」と答えればよいのです。それをあえて「教育心理学です」と言い換えることの必要性、有用性はないと思います。心理学や関連領域についてさらに学べば、「中学生の英語の学習行動」は認知、学習、パーソナリティ、発達領域とも近く、「英語学習が苦手で悩んでいる生徒への支援」と考えると、教育場面の臨床心理学ともいえることがわかってくるでしょう。また、たとえば教育学（英語教育）や言語学、脳科学などとの学際領域でもあります。研究を指導する教員の立場からすれば、「教育心理学です」という回答より、「中学生の英語の学習行動です」という回答のほうが具体的な研究の話に移りやすいのです。

研究を進めるうえで、自分の興味や関心のある領域名を名乗ることは不可欠なことではありません。そういったことを自己定義しなくても、研究は進められます。自分の専門とする領域名は、広く心理学を学習し、そして自分の研究を進めているうちに、適切な名を名乗れるようになると考えておくとよいでしょう。

再びアイデアノートについて

アイデアノートがなければ…

本書のココロさんは、1章で紹介したアイデアノートを作成しています。そ

れをもって面談に臨んでいますし、何人かの先生にはノートを見せています。

　ここで、想像してください。もしココロさんが、アイデアノートを作成していなかったら、面談はどうなっていたでしょうか？　どんなふうに進んでいたでしょうか？

　あなたはアイデアノートを作成しておらず、しかし社会心理学に興味があって面談に臨んだとしましょう。さあ、どんなふうに話し始めるでしょうか？何を相談するでしょうか？　「社会心理学に興味があります」ということだけから研究の話ができるでしょうか？

　少し想像してもらえるとすぐにわかると思いますが、アイデアノートはこういう面談のときにもとても役立つものです。研究の相談をするために行ったのに、その一助にすらならないような時間を過ごしては、もったいないと言うしかありません。アイデアノートは「自分が研究を進めるために役立つノート」ですが、**教員をはじめ、他者と研究についてディスカッションをするときにも役立ちます**。そしてそのディスカッションは、自分の研究を進めることに役立つのです。

記録する段階では何が役立つかわからない

　しかし、だからといって「役立つノート」にしようと意気込むのはよくありません。どんな記録情報が先々で役に立つかなんて、誰にもわかりません。ましてや、これから研究を考え始めようとしている段階にいるみなさんが、「これは研究に役立つだろう」「これは役に立たないだろう」などという判断ができるはずがないのです。何のためのノートかということははっきりしているのですが、何を記録しておけばよいのかはわからない（定まらない）という不思議なノートなのです。

今日からノートをつけ始めよう

　そういうものであるため、つけ始めてしばらくは（かなり長い期間になるかもしれません）、意義も意味も感じ取れないと思います。だからといって止めてしまうと、何にもなりません。ノーベル賞をダブル受賞している Pauling の言葉を再掲しておきます。

144

"The way to get good ideas is to get lots of ideas and throw the bad ones away."

こういうノートは、これまでの学習経験のなかで作ったことがないような類いのものでしょう。授業用のノートでもなく、日記でもなく…強いて言えば単なる「記録（log）」というのが正確なのかもしれません。そういうものであると、あなたのなかのノート概念を修正してください。絶対に「役立つノート」にしようなどとは考えないほうがよいのです。

Pauling のいうように、情報をたくさん集め、たくさん捨てていくところがポイントです。そうすれば、きっとあなたが追究したいものが見えてくると思います。アイデアノートは、研究にとってとても大切な、王道ともいえるものですが、そのときにならないと、その威力はわからないのかもしれません。

繰り返しになりますが、今日からあなたもアイデアノートをつけ始めてください。研究を進めることが求められるようになってからでは遅いのです。そして、いろいろとおもしろいもの、不思議なものを見つけ、記録に残すことを楽しんでほしいと思います。

Column 4　世界と戦える研究を卒業研究で！

西村 律子

　私は認知心理学ゼミを7年間実施しています。私のゼミでは、卒業研究は私の研究領域あるいはその近接領域の範囲内で行ってもらうことにしています。例年3年次には、「認知心理学（箱田他, 2010）」と「心理学と睡眠：睡眠研究へのいざない（江戸川大学睡眠研究所, 2022）」の2冊を講読し、卒業研究のテーマを探索していきます。ただし、私の専門領域以外で研究を行いたい場合には、その領域について、学生自らに徹底的に学んでもらい、そのうえで、学術的価値が認められる場合には、研究を実施することを許可しています。そんななかで、印象に残っている卒業研究を三つご紹介します。いずれも、私の研究領域からは離れた研究テーマを選んだ研究です。

　表象についての卒業研究例　一つ目は、認知心理学の「表象」をテーマにした卒業研究です。私の専門外である「表象」について、この学生は自ら徹底的に関連論文や関連書籍を読み、「表象」の領域で二つの対立した仮説（命題表象とアナログ表象）があること、そして、その論争は未だ（2018年当時）解決されていないことを学び、自身の卒論では、その論争に決着をつけるべく、対立仮説の検討を試みました。そこで問題となったのは、その目的を解決するための認知課題の設定でした。その点については、私の知識が役立つので、（教員としてではなく）研究者として、彼と共同し認知課題の制作を行いました。そして完成した卒業研究は、その年の本学科の最優秀論文に選定されました。当時彼が、自分がこの論争に決着をつけ、歴史に名を遺す！と意気込みながら、実験室に籠って、課題作成やデータ収集に勤しんでいたことを思い出します。

　意思決定についての卒業研究例　二つ目は、「眠気が強い状況でのストレスが意思決定に及ぼす影響」を検討した卒業研究です。彼は、特殊詐欺にだまされてしまうヒトの心理に強く興味をもっていました。詐欺にだまされることを認知機能の側面からとらえるために、彼は、前頭葉機能に着目し、恐怖や不安に駆られると前頭葉機能が低下することや、眠気によってネガティブな感情の制御機能が低下することを学びました。そして、眠気が強い状況、かつ、ネガティブ感情が生起する状況では、眠気が弱いときに比べ前頭葉機能が低下し、よりだまされやすくなるのではないかという仮説を立てました。上述の学生と同様に、認知課題については詐欺という状況をできるだけ実験室で再現するために、

私も学生と一緒に頭をひねりました。そして、参加者以上に実施側の負担も高い夜間の断眠実験を責任をもって完遂し、卒業研究を完成させました。この成果は国際誌に掲載されています（Nishimura et al., 2023）。

咀嚼についての卒業研究例　三つ目は、「咀嚼が選択的注意機能に及ぼす影響」についてシステマティックレビューを行った卒業研究です。彼も、上述した2名と同様に、咀嚼と認知機能の関連に強く興味をもっていました。咀嚼と注意機能に関する国内外の論文を自ら徹底的に読み、咀嚼を用いたこれまでの先行研究の多くは選択的注意機能が正しく測定されていないという問題点を見つけ出しました。そこで、正しく選択的注意課題を使用し、無味無臭のガム（これも、ある企業に依頼を自ら行い、完成品を手に入れていました！）を咀嚼することが選択的注意機能に与える影響を、実験的に検討することを予定していました。しかし、彼が4年次を迎える直前に、Covid19のパンデミックが起こり、実験を中止せざるを得ない状況となりました。そのときは、私も一緒に悔しい思いをしましたが、それまで、彼が検索し、読み込んでいた先行研究を、システマティックレビューという形でまとめることで、これまでの研究における問題点を指摘する卒論を完成させました。そして彼は卒業後、卒論で抽出した先行研究のメタ分析を追加で行い、その結果を改めて論文化しました。その成果は国内雑誌に掲載されました（阿部・西村，2024）。

研究職をめざさなくとも　実際のところ、（彼らには怒られそうですが…）彼らは2年次までの成績が群を抜いて優秀（秀や優ばかり）であったわけでもありませんし、彼らのうち2名は卒業後、一般企業に就職しています。つまり、優秀な卒業研究を行う学生は、必ずしも成績優秀で、研究職をめざす学生ばかりではないということです。これまでを振り返ると、すばらしい卒業研究には、学生本人の強い科学的興味に動機づけられた、研究に対する多くの労力や時間が伴っていることに気づかされます。また彼らは卒業研究を「自分の」研究として遂行することを忘れず、研究を楽しんでいました。このような彼らの姿勢は、学部生であっても世界と戦える研究を行うことができることを証明しています。

阿部雄大・西村律子（2024）．ガム咀嚼の選択的注意への影響——メタ分析を用いた検討——　心理学研究，*95*, 213-221.

江戸川大学睡眠研究所（編）（2022）．心理学と睡眠——「睡眠研究」へのいざない——　金子書房

箱田裕二他（2010）．認知心理学　有斐閣

Nishimura, R., Menrai, K., Kajihara, M., & Asaoka, S. (2023). Is decision-making influenced by interactions between extended wakefulness and weak emotional stressors? An experimental study. *Ind Health. 61*, 92-101.

私と研究——「おもしろい」研究のすすめ

高村 和代

楽しかった卒論研究　私は大学院への進学を選択しましたが、実は卒論への取り組みはかなりいい加減でした。当時は第二次オカルトブームの頃でもあり、新興宗教や新々宗教がいくつも台頭しており、大学にも宗教の勧誘が多く入り込んでいました。同級生がその後大きな事件を起こすこととなる宗教へ入信し、大学に姿を見せなくなることもありました。そのような社会的背景もあり、私はなぜ危険だとわかっていても宗教にはまっていくのかという疑問をもち、指導教官に卒論のテーマを宗教にしたいと申し出ました。しかし指導教官からは「ミイラ取りがミイラになる」かもしれないという理由で、このテーマで卒論を進めていくことに反対されました。結果、宗教を占いに変え、「人はなぜ占いを信じるのか」というテーマで卒論を進めることにしました。

アンケート調査を行い統計を使って分析を行うということにおいては心理学的な手法を用いましたが、心理学的な概念や心理学の先行研究などをほとんど無視した内容で、私の卒論は心理学研究とは言うに及ばないものでした。ただ、卒論は自由にのびのびと取り組むことができ、私にとって楽しいものでした。この楽しい思い出が、大学院への進学を決意するきっかけとなりました。

「おもしろい」研究とは何か？　卒論では自由にのびのびと好きなことをやってきたのですが、大学院に進学すると状況は大きく変わりました。大学院生はみな研究者として、互いに切磋琢磨し合う関係となりました。論文を読み、自分の研究について考え、院生同士で研究についてお互い意見交換をする日々が始まりました。私の卒論は心理学の研究とは言えないことに気づかされ、修論のためのテーマをどうするかを模索しているとき、先生や先輩から、将来研究者として生きていくならば研究テーマ選びを慎重にしなければならないと幾度となく言われました。他の研究者から評価されるようなテーマを選び、おもしろい研究を発表しなければ、この先研究者として苦労することになると。そのため「人から評価されるテーマ」とは何か？「おもしろい研究」とは何か？に悩まされることになりました。

大学生の頃の私はかなりアイデンティティが拡散しており、将来の見通しがまったく立てられずにいました。将来の見通しが立てられず途方に暮れていた頃、周囲の友人たちはみな将来の目標をしっかりもっていて、目標に向けてが

んばっていました。私の目からはみんな簡単に進路を決めているように見えて、それが羨ましくもあり不思議でもありました。また、それができない自分が不甲斐なくてしかたがありませんでした。この経験から、私は「アイデンティティと職業選択」に興味をもつようになり、それを研究テーマとしようと考えていました。しかし「テーマ選び」の重要さを意識すると、私が進めようとする研究テーマは人から評価されるものだろうか？おもしろい研究になるのだろうか？という疑問にとらわれ、身動きがとれなくなってしまいました。

　あるとき、人からおもしろいと評価される研究とは何か、自分が興味をもっていることは人から評価されるようなおもしろいことなのか、人がおもしろいと思うことはどうやったら見つけられるのかということを先輩に聞いたことがありました。そのとき先輩から、「自分がおもしろいと思わない研究を人がおもしろいと思うか？まず自分がおもしろいと感じることが大切だろう」という答えが返ってきました。この先輩の回答を聞いたとき、まさに目から鱗が落ちる感覚でした。研究は誰かに頼まれてやるものではなく、自分が自分の責任において進めていくものであること。そしてそのモチベーションは、研究者自身の知的好奇心を昇華させることにもとづいていることに気づかされました。それと同時に、他者の意見を柔軟に取り入れていくことが、研究の意義の補強や他者からの評価につながっていくということも認識できました。このことがきっかけで、自分の進めようとしている研究に自信をもつことができるようになり、研究を考えることに楽しさを感じることができるようになりました。

　自分がおもしろいと思うことを　この経験以降、研究と向き合うときは、「自分がおもしろいと思う」こと、「やっていてワクワクできる」ことを常に意識するようになりました。現在卒論指導をする際、「あなたは自分の研究のどこがおもしろいと思っている？」ということをいつも確認しています。学生を見ていると、問題と目的を組み立てるために先行研究をいくつも読み進めているうち、先行研究の内容に流されてしまい、自分がおもしろいと思っていることが置き去りにされてしまうことがよくあります。そんなときは、自分がおもしろいと思っていることを確認しながら先行研究を読み、自分がおもしろいと思っていることに先行研究を結びつけていくようにして、卒論を進めていくことを助言しています。

　卒論は何かと苦痛の多い作業でしょう。そんななか、心理学の研究に「おもしろい」「ワクワクする」感覚を感じてもらえることを願っています。

MEMO

結

ⓒ ココロさん：せんせー！！

👤 教員：あ、ココロさん。久しぶりですね。卒業、おめでとうございます。

ⓒ：ありがとうございます。おかげさまで無事卒業できました。

👤：卒業は、学生それぞれの努力のたまものですよ。ココロさんもしっかり学び、考えたのでしょ！　そんな自分をほめてあげてください。

ⓒ：ええ。かなりがんばったと思います。

👤：卒論はどうでしたか？

ⓒ：えへへ…

👤：何、その反応？

ⓒ：いやぁ…、なんかよかったというか、おもしろかったです。

👤：それは何より。

ⓒ：「おもしろい」の言葉の語源は、目の前が明るくなること、見通せるようになることだって授業で言ったのは先生でしたっけ？　現実に、そういう感じがするときがあるんですね。卒論をやっていて、何回かそういう感じがしたときがありました。自分が少し賢くなった感じもして、まさにおもしろい経験ができました！　反省もありますけど、もっとやってみたい気持ちもあります。あと、聞いてくださいよ。ゼミのみんなも先生も、「おもしろい研究だね」って言ってくれたんですよ。あの先生が「おもしろい」って言ったんですよ！　すごいって思いません？　「目のつけ所がシャープだね」とか言って笑ってたんですが、これ、ほめられたんですよね!?　でも私は進学じゃなくて、普通の会社員になるので、もう研究はしないんじゃないかなと思っています。まあそれはそれでいいかな、何かのときに使えたらいいなって感じです。後輩たちにも、研究はおもしろいからがんばってって言うんですけど、ポカーンってなるんですよ。こればかりはやってみないとわからないですよね。やってみた人だけが感じられること…でいいですよね。あ、友達を待たせてるんで行きます。じゃあ！

151

卒業式直後だからか、ココロさんはかなりテンションが高めのようです。「それは私じゃないよ」と口を挟ませもせず、一気に話した後、深碧の袴を翻し友達のところへ駆けて行きました。その姿を見て、教員は「着慣れていないなぁ」と苦笑です。

　それから1時間後…

👧：失礼します！

👤：いらっしゃい。

👧：先生、写真、撮ってください。

👤：いいですよ。スマホを貸して！

👧：違いますよ！　一緒に撮りましょうってことです！

　他の学生たちも交えて、しばらくは撮影会になりました。みんな、いい顔をしています。

👤：あ、そうだ。さっきココロさんは、もう研究はしないかなって言ってましたよね。

👧：ええ。研究職採用じゃないので、普通に働くって感じかなと想像しています。

👤：じゃあ、そんなココロさんに、最後にひとつ。

👧：何ですか？

👤：簡単な話で、あなたが卒論などで経験したこと、身につけたことは、これからの生活で必ず役に立ちますよってことです。役立ててほしい、というほうが適当かもしれませんけど。

👧：でも、たぶんもう研究する機会はないですよ？

👤：研究は、結果ではなく過程のことだっていうのは覚えてますよね。知らないとか、わかっていないってところからスタートして、新しいこと、より正しいことがわかるようになるところへと至るプロセスを研究って言うんです。この先のココロさんの人生で、知らないこと、わからないことに出会うことがないなんてことは、それこそないでしょう。

結

👧：それはそうでしょうけど…

🧑：たしかに、これから先、論文を書くことはないかもしれません。でも、この世界にはわかっていないことがたくさんあります。わかっていないことばかり、といってもよいくらいです。たとえば、ココロさんの就職する会社にしても、「売り上げを伸ばす方法」とか「なぜ商品が売れないのか」は、わかっていないはずですよ。それがわかっているなら、世界で並ぶもののない超安定、超優良巨大企業になってますよ。それを誰もわかっていないから、日々、一生懸命考えて仕事をしているのでしょうね。

👧：それがわかったら、人生は安泰ですね。

🧑：まあ、安泰でしょうが、そういうすべてがわかる人生が楽しいかどうかは疑問ですけどね。話を戻しますが、知らないこと、わかっていないことが、そこらにゴロゴロしている世界で私たちは生きているんです。「研究なんて仕事の役には立たない！」なんて訳知り顔で言う大人に出会うかもしれませんが、そんな人は無視すればいいです。知っていることだけを見て、知らないこと、わかっていないことを「見ない」「気にしない」という選択もできますが、私たち教員の願いは、それを見つけ、わかるに変えていってほしい、そういう姿勢の人になってほしいということなんです。その練習として大学での研究があるし、卒論があるわけです。

👧：これからも研究するかどうかは、仕事としてするかどうかじゃなく、心がけ次第ってことですか？

🧑：そのとおり。アイデアノートみたいなものもこれからも続けてほしいなって思います。あれを、大学生のときだけしか書かないなんて、もったいないです。絶対に仕事の役にも立つはず。

👧：先生も書いてるんですか？

🧑：え……まあ…たまには…ね。やり方は人それぞれってことで。

👧：先生は研究者ですもんね。

🧑：まあね…。だけど、研究者かどうかは別として、誰かから与えられた課題をやるだけなのはつまらないでしょう。自分で課題を見つけ、なぜそうなっているのかというメカニズムを明らかにし、そこから新しい提案をしていくって楽しそうじゃない？

153

- 🧒: そういうふうに働けたらいいですね…
- 👤:「働けたら」って会社まかせみたいに言うんじゃなくて、私はそういうふうに自分の仕事をしていくんだって考えてほしいな。
- 🧒: うーん。がんばります。
- 👤: がんばってください。でもがんばりすぎて身体を壊さないようにね。研究と同じで、人生も仕事も楽しんでやってください。
- 🧒: ありがとうございます!

執筆者紹介

浦上 昌則 ［うらかみ まさのり］　編者、1章、2-1 節、3-1 節、4章
南山大学人文学部心理人間学科 教授。博士（教育心理学）。専攻分野は、発達心理学。著書に、『心理学 Introduction to Psychology 第2版 』（共編著・ナカニシヤ出版）、『キャリア教育へのセカンド・オピニオン』（単著・北大路書房）など。

藤田 知加子 ［ふじた ちかこ］　編者、1章、2-2 節、3-2 節、4章
南山大学人文学部心理人間学科 准教授。博士（心理学）。専攻分野は、実験心理学・認知心理学。主論文に、「通常学級の低学年児童の書字達成度と担任教諭による評定との関連」（共著・小児の精神と神経）など。

解良 優基 ［けら まさき］　編者、1章、2-3 節、3-3 節、4章
南山大学人文学部心理人間学科 准教授。博士（心理学）。専攻分野は、教育心理学。著書に、『大学生と教員のための学校教育心理学 』（共著・ミネルヴァ書房）、『主体的に学ぶ発達と教育の心理学』（共著・ナカニシヤ出版）など。

土屋 耕治 ［つちや こうじ］　2-4 節、3-4 節
南山大学人文学部心理人間学科 准教授。修士（心理学）。専攻分野は、社会心理学、組織開発、体験学習。著書に、『対人関係の社会心理学』（共著・ナカニシヤ出版）、『人間関係の学び方』（共編著・ナカニシヤ出版）など。

青木 剛 ［あおき つよし］　2-5 節、3-5 節
南山大学人文学部心理人間学科 講師。博士（心理学）。専攻分野は、臨床心理学、人間性心理学。著書に、『心理学概論』（共著・ナカニシヤ出版）、『傾聴・心理臨床学アップデートとフォーカシング』（共著・ナカニシヤ出版）など。

■コラム執筆者

岡田　涼 ［おかだ りょう］　　香川大学教育学部 准教授
原田 知佳 ［はらだ ちか］　　名城大学人間学部 准教授
増田 尚史 ［ますだ ひさし］　　広島修道大学健康科学部 教授
西村 律子 ［にしむら りつこ］　江戸川大学社会学部 准教授
高村 和代 ［たかむら かずよ］　岐阜聖徳学園大学教育学部 教授

作画　鈴木 天寧

はじめよう！心理学研究
「テーマが決まらない」を乗り越える

2025 年 2 月 10 日　初版第 1 刷発行　　　　定価はカヴァーに
表示してあります

編著者　　浦上昌則・藤田知加子・解良優基
発行者　　中西　良
発行所　　株式会社ナカニシヤ出版
　　　〒606-8161　京都市左京区一乗寺木ノ本町 15 番地
Telephone 075-723-0111
Facsimile　075-723-0095
Website https://www.nakanishiya.co.jp/
Email　iihon-ippai@nakanishiya.co.jp
郵便振替　01030-0-13128

装幀＝クニメディア／印刷・製本＝西濃印刷（株）
Printed in Japan.
Copyright © 2025 by M. Urakami, C. Fujita, & M. Kera
ISBN978-4-7795-1829-4

本書のコピー、スキャン、デジタル化等の無断複製は著作権法上での例外を除き禁
じられています。本書を代行業者等の第三者に依頼してスキャンやデジタル化する
ことはたとえ個人や家庭内の利用であっても著作権法上認められておりません。